古人的繁华人间

陶庵梦忆

精选本

[明]张岱◎著
刘海源◎绘

江西美术出版社
全国百佳图书出版单位

出版说明

中国，作为世界上唯一一个文明传统未曾中断过的国家，经历了多个历史朝代，缔造了无数举世瞩目的成就。中华民族更是个伟大而富有智慧的民族，创造了繁华的贸易经商环境、宜养宜居的生活环境、极富创造力的思想环境，这些都为中华文明的流传繁盛厚植了土壤。

本丛书的出版是基于我社关于“古人”产品线的延伸，是继《古人的雅致生活》（10册）、《古人的奇幻世界》（4册）后的第三个系列产品，旨在扩大对古人世界宽度、广度、深度的挖掘。原有系列产品的内容已大致覆盖了关于古人生活方式、思想方式的理解，本丛书则从古人的社会生活角度来进行甄选，从古代节日、风俗、游玩景点、山川气候、城市风貌、社会逸闻等方面来进行展示，全方位讲述古人的有趣生活。

当前我们挑选的底本涉及汉、唐、北宋、南宋、明5个历史时期，具体地区包括西汉首都长安（今西安）、北宋首都东京汴梁（今开封）、南宋都城临安（今杭州）、唐代皇宫和明代江浙等地区。书中涉及地区广泛，且朝代不同，社会风貌有天壤之别，展现的故事见闻有趣，令人欣喜，希望读者翻开本丛书，能跟随原著脚步，走遍故土山河，感受不一样的时代魅力。

丛书所选文本都是权威经典著作（因版面有限，部分篇目做了删节），不仅是专家学者研究古代社会生活的重要历史文献，更是反映当时民风时尚、经济状况和城市生活的真实写照。丛书的作者不仅有文学家、史学家，而且所写内容以作者亲身经历为主，文笔轻松，为我们展现的是活生生的生活侧影，也包含着作者对过往生活经历的无限眷恋。丛书仍以原文与译文对照阅读、精美配画辅助理解为主，适当改变了排版风格，使之更适合当代读者的阅读习惯，同时配画力求反映原文之大意，以图释文，兼具欣赏与实用性。

策划本丛书，旨在重塑古代经典著作，向大众读者介绍中华传统文化中的精华内容。我们希望这些在古代也曾是大众读物的内容，不再只被有古汉语文学功底的读者熟悉，让更多读者看见、接受，拉近现代读者与古代经典著作的距离，打破大众读者对古代传统著作的刻板印象。所以，我们将古代经典著作以更现代、更贴近大众的方式呈现给读者，这也是我们在传承中华优秀传统文化上做出的一点小小尝试。

由于时间相对匆促，书中难免存在遗憾和不足，敬请广大读者批评指正！

编者

*2021*年*11*月

序

陶庵国破家亡，无所归止，披发入山，駴駴为野人。故旧见之，如毒药猛兽，愕窒不敢与接。作自挽诗，每欲引决。因《石匮书》未成，尚视息人世。然瓶粟屡罄，不能举火，始知首阳二老直头饿死，不食周粟，还是后人装点语也。

饥饿之余，好弄笔墨，因思昔人生长王、谢，颇事豪华，今日罹此果报。以笠报颅，以蒉报踵，仇簪履也；以衲报裘，以苎报絺，仇轻暖也；以藿报肉，以粝报粻，仇甘旨也；以荐报床，以石报枕，仇温柔也；以绳报枢，以瓮报牖，仇爽垲也；以烟报目，以粪报鼻，仇香艳也；以途报足，以囊报肩，仇舆从也。种种罪案，从种种果报中见之。鸡鸣枕上，夜气方回，因想余生平，繁华靡丽，过眼皆空，五十年来，总成一梦。今当黍熟黄粱，车旅蚁穴，当作如何消受？遥思往事，忆即书之，持向佛前，一一忏悔。不次岁月，异年谱也；不分门类，别《志林》也。偶拈一则，如游旧径，如见故人，城郭人民，翻用自喜，真所谓痴人前不得说梦矣。

昔有西陵脚夫，为人担酒，失足破其瓮。念无所偿，痴坐伫想曰："得是梦便好！"一寒士乡试中式，方赴鹿鸣宴，恍然犹意非真，自啮其臂曰："莫是梦否？"一梦耳，唯恐其非梦，又惟恐其是梦，其为痴人则一也。余今大梦将寤，犹事雕虫，又是一番梦呓。因叹慧业文人，名心难化，正如邯郸梦断，漏尽钟鸣，卢生遗表，犹思摹拓二王，以流传后世。则其名根一点，坚固如佛家舍利，劫火猛烈，犹烧之不失也。

序（译文）

国破家亡后，我无处可去，便隐居于山中，形似野人。老朋友见我如同见到毒药猛兽，错愕至极，不敢相认。我写下《自挽诗》，多次想要自尽，因《石匮书》未写完，才苟活于人世。然而米袋经常是空的，难以为生，才明白商朝伯夷、叔齐二老宁可饿死也不吃周朝一粒米的美谈，乃是后人粉饰真相的话。

饥饿之余，我喜欢舞文弄墨，想起都是从前过着王、谢那般的富贵生活，如今才受到这样的果报。以头上戴草帽、脚上穿草鞋报应以前的簪缨穿履，以如今的旧衣服替代以前的毛裘大衣，以麻布代替细葛，这是报应过去的着暖穿轻。以豆叶代替肉食，以粗粮代替精米，这是报应过去的美味佳肴。以草席回报床褥，以石块回报枕头，这是报应过去床笫的温暖柔软。以绳枢回报门轴，以破瓮回报轩窗，这是报应过去的高爽干燥。以烟熏折磨眼睛，以粪臭回报鼻子，这是报应过去的芳香艳丽。以路途折磨双脚，用背囊劳累肩膀，这是报应过去的车马随从。以前的各种罪状，一一在如今的各种因果报应中看到。我躺在床上听到鸡的鸣叫声，天刚亮，回想起种种过往，浮华奢靡的生活，仿佛过眼云烟一般转瞬即逝，五十年的生活，就像南柯一梦。现在的我就像刚从梦中醒来，我的马车刚从梦中的蚁穴中驶出，如此这般的失落让人如何忍受？遥想往事，每回忆起一桩就记录下来，拿到佛像前，一件一件地忏悔。与年谱不同，不按事情发生的日期排序；与《志林》不同，不分门别类。有时拿出一则来读，就如同旧地重游，如同遇见老朋友，如同见到昔日的城郭百姓，我反而沾沾自喜，这真是所谓的痴人前不得说梦话啊。

以前有个西陵脚夫在替人担酒时，失足跌破了酒瓮，想到自己无力赔偿，呆坐空想道："这要在梦里就好了！"有个贫穷书生乡试中了举人，正要参加鹿鸣宴，还恍恍惚惚地以为一切都不是真的，咬自己的手臂道："这一切是在做梦吗？"同样是说梦，一个唯恐不是梦，一个又唯恐是梦，他们都是一样的痴人啊。我现在大梦将醒，还在写作，这又是一番梦话啊。于是叹息作为文人，追逐名利之心难解，如同在天明之际从黄粱美梦中醒来，卢生的遗表中想把临摹"二王"的书法流传后世。这样追逐名声的本性，坚固得就像舍利子，即便用烈火也难以烧尽成灰。

目录

卷壹

卷贰

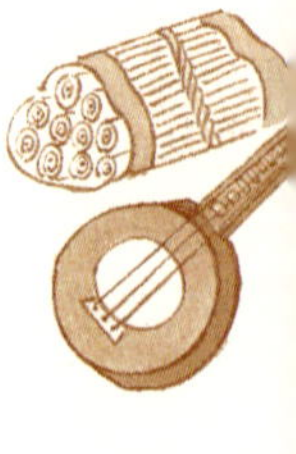

卷叁

卷肆

卷伍

卷陆

卷柒

卷捌

卷壹

钟山

·原文·

钟山上有云气，浮浮冉冉，红紫间之，人言王气，龙蜕藏焉。高皇帝与刘诚意、徐中山、汤东瓯定寝穴，各志其处，藏袖中。三人合，穴遂定。门左有孙权墓，请徙。太祖曰："孙权亦是好汉子，留他守门。"及开藏，下为梁志公和尚塔。真身不坏，指爪绕身数匝。军士辇之不起。太祖亲礼之，许以金棺银椁，庄田三百六十，奉香火，舁灵谷寺塔之。今寺僧数千人，日食一庄田焉。陵寝定，闭外羡，人不及知。所见者，门三、飨殿一、寝殿一，后山苍莽而已。壬午七月，朱兆宣簿太常，中元祭期，岱观之。

·译文·

钟山上有云气，逐渐上升，红紫相间，有人说这是帝王之气，藏了龙蜕下的皮在那儿。明太祖朱元璋和刘诚意、徐中山、汤东瓯选帝陵位置时，各自将他们认为最适合的墓穴位置写下，藏在袖中。三人不约而同选了钟山，于是便将帝陵位置定于此处。钟山山门左边是孙权墓，大臣们认为不妥，请旨将其移走。明太祖说："孙权是条好汉，就留他在那守门吧。"等帝陵开始修建时，发现地下竟有梁志公和尚的石塔。他的真身完好无损，指甲绕着身体好几圈。士兵想要将他抬走，却怎么也抬不起来。太祖听闻此事，亲自前来祭拜，许以金棺银椁、三百六十亩庄田、供奉香火，才能将其抬至灵谷寺，修塔安葬于此。如今灵谷寺已有几千名僧人，一日能食一亩庄田的粮食。帝陵修好后，为了保密，关闭了墓道，只留下了三道门、一座飨殿、

飨殿深穆，暖阁去殿三尺，黄龙幔幔之。列二交椅，褥以黄锦孔雀翎，织正面龙，甚华重。席地以毡，走其上必去舄轻趾。稍咳，内侍辄叱曰：“莫惊驾。”

近阁下一座，稍前，为硕妃，是成祖生母。成祖生，孝慈皇后妊为己子，事甚秘。再下，东西列四十六席，或坐或否。祭品极简陋。朱红木簋、木壶、木酒樽，甚粗朴。簋中肉止三片，粉一铗，黍数粒，东瓜汤一瓯而已。暖阁上一几，陈铜炉一、小箸瓶二，杯棬二；下一大几，陈太牢一，少牢一而已。他祭或

一座寝殿与苍莽的后山而已。崇祯十五年（1642）七月，朱兆宣任太常寺卿主持中元节祭祀典礼，我出席典礼时发现，飨殿肃穆深幽，三尺远处是暖阁，以黄龙缦遮掩。两把交椅并排摆放，铺着黄色锦缎做成的褥子，黄锦正面是孔雀羽毛绣的龙纹，看上去富丽堂皇。地上铺着毡垫，行走在上面必须脱去鞋子，不发出声响。轻咳一声便会引来内侍的斥责：“不

不同，岱所见如是。先祭一日，太常官属开牺牲所中门，导以鼓乐旗帜，牛羊自出，龙袱盖之。至宰割所，以四索缚牛蹄。太常官属至，牛正面立，太常官属朝牲揖，揖未起，而牛头已入燖所。燖已，舁至飨殿。次日五鼓，魏国至，主祀，太常官属不随班，侍立飨殿上。祀毕，牛羊已臭腐不堪闻矣。平常日进二膳，亦魏国陪祀，日必至云。

戊寅，岱寓鹫峰寺。有言孝陵上黑气一股，冲入牛斗，百有余日矣。岱夜起视，见之。自是流贼猖獗，处处告警。壬午，朱成国与王应华奉敕修陵，木枯三百年者尽出为薪，发根，隧其下数丈，识者为伤地脉、泄王气，今果有甲申之变，则寸斩

要惊扰了圣驾！”

暖阁前面是碽妃牌位，她是明成祖朱棣的生母。成祖出生后，孝慈皇后收养他作为自己的儿子，这是皇家秘事。再往下，东西两侧供奉着四十六个席位，有的立着牌位，有的空着。祭品很简陋，朱红色的木簋、木壶、木酒樽，非常简朴。木簋中仅有三片肉、一点儿面粉、数粒黄米、一碗冬瓜汤而已。暖阁上陈设着一张茶几，摆放着一个铜炉、两个筷子筒、两个水杯。暖阁下有一张大茶几，几上有一头牛和一只羊。各处的祭祀仪式或许有所不同，但我在此处见到的是这样：仪式的前一天，太常寺官员打开牺牲所中门，安排鼓乐旗帜在前面引路，祭祀所用牛羊随后而出，身上盖着绣了龙纹的布。到了屠宰的地方，以四条绳索绑住牛蹄。太常寺官员到了后，将牛正面立起，太常寺官员先朝着牛羊作揖，礼仪尚未结束，牛头便已被割下丢

应华亦不足赎也。孝陵玉石二百八十二年，今岁清明，乃遂不得一盂麦饭，思之猿咽。

入锅中开煮了。牛头煮好后被抬到飨殿。第二天五更时，由魏国公主持祭祀，太常寺官员不再跟随，仅站立在飨殿侍奉。等到祭祀典礼结束后，牛头早已腐烂发臭。祭祀典礼余下的日子，皆由魏国公主持，他每日都必须到场。

崇祯十一年（1638），我住在鹫峰寺，有人说孝陵上方飘着一股黑气，直冲牵牛星和北斗星的方向，持续了一百多天。我晚上起来，发现的确如此。自此以后，猖狂的盗贼流寇盛行，各处军情告急。崇祯十五年，朱成国和王应华奉旨主持孝陵修复，将三百年的枯木挖出作为柴火，树根像发丝一般，再往下挖了数丈，有人说这样再挖下去，会伤地脉，泄帝王之气，果然如今发生“甲申之变”，就算是将王应华碎尸也不足以弥补。孝陵建成二百八十二年了，如今清明，竟连一碗祭祀的麦饭也享用不到了，想起来让人心生悲凉。

·原文·

中国之大古董，永乐之大窑器，则报恩塔是也。报恩塔成于永乐初年，非成祖开国之精神、开国之物力、开国之功令，其胆智才略足以吞吐此塔者，不能成焉。塔上下金刚佛像千百亿金身。一金身，琉璃砖十数块凑砌成之，其衣折不爽分，其面目不爽毫，其须眉不爽忽，斗笋合缝，信属鬼工。

闻烧成时，具三塔相，成其一，埋其二，编号识之。今塔上损砖一块，以字号报工部，发一砖补之，如生成焉。夜必灯，岁费油若干斛。天日高霁，霏霏霭霭，摇摇曳曳，有光怪出其上，如香烟缭绕，半日方散。永乐时，海外夷蛮重译至者百有余国，见报恩塔必顶礼赞叹而去，谓四大部洲所无也。

·译文·

中国第一大古董，明永乐年间最大的窑器是报恩塔。报恩塔建于永乐初年，若没有成祖的开国精神、物力、法令，与必将此塔建成的谋略才识，这报恩塔是万万建不成的。报恩塔上共有千百亿个金身的金刚和佛像。每一座金身皆由十多块琉璃砖砌成。身上衣褶皆分毫不差，面目如生，须发眉毛毫厘不差，榫头和榫眼完全密合，实乃鬼斧神工。

听说此塔刚烧成时，准备了足以修成三座塔的物料，一份建了塔，其他两份物料标好号、埋了起来。如今塔上有一块砖坏了，报标号给工部，工部从物料中补一块，则如同刚建成的一样。塔上每晚都会点灯，每年消耗香油若干斛。天气晴朗时，雾霭蒙蒙，摇曳生姿，有独特的光线从塔顶射出，就像缭绕的烟雾，持续半天才散去。永乐年间，有一百多个国家的外国人见到此塔顶礼膜拜、赞叹不绝后才肯离去，称此塔是世界上独一无二的。

报恩塔

金乳生草花

·原文·

金乳生喜莳草花。住宅前有空地，小河界之。乳生濒河构小轩三间，纵其趾于北，不方而长，设竹篱经其左。北临街，筑土墙，墙内砌花栏护其趾。再前，又砌石花栏，长丈余而稍狭。栏前以螺山石垒山披数折，有画意。

草木百余本，错杂莳之，浓淡疏密，俱有情致。春以罂粟、虞美人为主，而山兰、素馨、决明佐之。春老以芍药为主，而西番莲、土萱、紫兰、山矾佐之。夏以洛阳花、建兰为主，而蜀葵、乌斯菊、望江南、茉莉、杜若、珍珠兰佐之。秋以菊为主，而剪秋纱、秋葵、僧

·译文·

金乳生喜欢种植花草。住所前有块空地，以一条小河分隔。乳生在小河边搭建了三间小屋，在屋北拓地，长长的一条，并在左边修了竹篱笆。在北边靠街处筑起土墙，在土墙内砌起花栏保护花草。再往前，又用石头修砌花栏，长一丈多，略狭窄。花栏前以螺山石垒了一座小山坡，颇有画意。

乳生在园子里种植了一百多种草木，浓淡疏密，很有情致。春天以罂粟花、虞美人为主，山兰、素馨花、决明子为辅。春末以芍药为主，西番莲、土萱、紫兰、山矾为辅。夏季以洛阳花、建兰为主，蜀葵、波斯菊、望江南、茉莉、杜若、珍珠兰为点缀。秋天以菊花为主，而剪秋纱、秋葵、僧鞋菊、万寿芙蓉、老少年、秋海棠、雁来红、矮鸡冠为辅。冬季以水仙为主，金盏花为辅。一些木本植物如紫白丁香、绿萼梅、玉碟梅、蜡梅、西府海棠、滇茶花、日丹茶花、白梨花种在墙角，用来遮挡烈日。

鞋菊、万寿芙蓉、老少年、秋海棠、雁来红、矮鸡冠佐之。冬以水仙为主，而长春佐之。其木本如紫白丁香、绿萼、玉碟、蜡梅、西府、滇茶、日丹、白梨花，种之墙头屋角，以遮烈日。

乳生弱质多病，早起、不盥不栉，蒲伏阶下，捕菊虎，芟地蚕，花根叶底，虽千百本，一日

必一周之。瘽头者火蚁，瘠枝者黑蚰，伤根者蚯蚓、蜒蝣，贼叶者象干、毛猬。火蚁，以鲞骨、鳖甲置旁引出弃之。黑蚰，以麻裹箸头捋出之。蜒蝣，以夜静持灯灭杀之。蚯蚓，以石灰水灌河水解之。毛猬，以马粪水杀之。象干虫，磨铁线穴搜之。事必亲历，虽冰龟其手，日焦其额，不顾也。青帝喜其勤，近产芝三本，以祥瑞之。

乳生体弱多病，每天早起后，不洗脸不梳头，趴在石阶下、花丛中捕捉菊虎，除地蚕，花根叶底，虽然有千百株，但每日必给每株除虫。有让花木枯萎的火蚁，有让枝干生病的黑蚰，蚯蚓、蜒蝣伤害花木根须，象干、毛猬吃枝叶。他用鱼干、鳖甲引火蚁出来除掉，用麻布包裹筷子头捋黑蚰除之，夜深人静的时候用火烧蜒蝣，往土穴里灌石灰水兑河水来除蚯蚓，用马粪水杀毛猬，磨根铁线在土穴里捉象干虫。每件事乳生都亲自去做，即使冻裂了手，额头晒脱皮，也全然不顾。掌管春天的青帝非常赏识乳生的勤劳，让乳生的园子里长出了三株灵芝，以示祥瑞。

日月湖

· 原文 ·

宁波府城内，近南门，有日月湖。日湖圆，略小，故日之；月湖长，方广，故月之。二湖连络如环，中亘一堤，小桥纽之。日湖有贺少监祠。季真朝服拖绅，绝无黄冠气象。祠中勒唐元宗《饯行》诗以荣之。季真乞鉴湖归老，年八十余矣。其《回乡》诗曰："幼小离家老大回，乡音无改鬓毛衰。儿孙相见不相识，笑问客从何处来？"八十归老，不为早矣，乃时人称为急流勇退，今古传之。

季真曾谒一卖药王老，求冲举之术，持一珠贻之。王老见卖饼者过，取珠易饼。季真口不敢言，

· 译文 ·

宁波府城南门附近有日月两湖。日湖是圆形的，稍微小点儿，故名日湖；月湖较长，又方又广阔，故名月湖。两湖连在一起就像一个圆环，中间有一道河堤，有一座小桥横跨湖面。日湖边建有贺知章的祠堂。贺知章的塑像身着朝服，毫无道士的洒脱气质。祠中刻有唐玄宗为其所作《饯行》诗以示荣光。贺知章请求回鉴湖养老时已八十多岁了。他在《回乡》诗中说："幼小离家老大回，乡音无改鬓毛衰。儿孙相见不相识，笑问客从何处来？"八十岁告老还乡，已属比较晚了，但时人还夸他是急流勇退，流传至今。

贺知章曾向一位卖药的王老求成仙的方法，并赠以一枚珍珠。王老见一卖饼的人经过，以这枚珍珠换饼。贺知章虽然嘴上不说话，但心里十分懊恼。王老说："不改吝啬，如何成仙？"于是把珍珠还给他后就离开了。由此看来贺

甚懊惜之。王老曰："悭吝未除，术何由得！"乃还其珠而去。则季真直一富贵利禄中人耳。《唐书》入之《隐逸传》，亦不伦甚矣。

月湖一泓汪洋，明瑟可爱，直抵南城。城下密密植桃柳，四围湖岸，亦间植名花果木以萦带之。湖中栉比皆士夫园亭，台榭倾圮，而松石苍老。石上凌霄藤

知章也是个追求名利之人。《唐书》将其传记归入《隐逸传》，显得有些不伦不类。

月湖如一泓静谧的汪洋，澄净透亮，湖水直通南城。湖岸的四周种满了茂密的桃树和柳树，还在其中种植了很多名贵的花木。湖中有序排列着士大夫的园亭，虽然有些亭台已经倒塌，但松石仍旧苍老悠久。石头上的凌霄花藤有斗大，大概已经存活一百年了。宁波的官宦人家，田地宅院大都能留给后代子孙，而园林亭榭只能保留到自己生前。庄园房屋多易主，正如驿馆衙门，园林亭台也如此。屠隆（号赤水），他家的娑罗馆如今只剩下娑罗树。"雪浪"等名石在某家族的园子里很长时间了。清明节那天，在两湖中游船很多。因为桥小，船只不能太大。城墙下一处稍微大点的地方，桃花烂漫、杨柳成荫，游人席地而坐，一边饮酒一边唱歌，那声音就像当年西湖边的曲子。

有斗大者，率百年以上物也。四明缙绅，田宅及其子，园亭及其身，平泉木石，多暮楚朝秦，故园亭亦聊且为之，如传舍衙署焉。屠赤水娑罗馆亦仅存娑罗而已。所称“雪浪”等石，在某氏园久矣。清明日，二湖游船甚盛，但桥小船不能大。城墙下趾稍广，桃柳烂漫，游人席地坐，亦饮亦歌，声存西湖一曲。

金山夜戏

·原文·

崇祯二年中秋后一日，余道镇江往兖。日晡，至北固，舣舟江口。月光倒囊入水，江涛吞吐，露气吸之，噀天为白。余大惊喜，移舟过金山寺，已二鼓矣，经龙王堂，入大殿，皆漆静。林下漏月光，疏疏如残雪。余呼小傒携戏具，盛张灯火大殿中，唱韩蕲王金山及长江大战诸剧。锣鼓喧阗，一寺人皆起看。有老僧以手背摋眼翳，翕然张口，呵欠与笑嚏俱至。徐定睛，视为何许人，以何事何时至，皆不敢问。剧完，将曙，解缆过江。山僧至山脚，目送久之，不知是人是怪是鬼。

·译文·

崇祯二年（1629）中秋节后的一天，我途经镇江去兖州。下午申时到达北固山，在江口停船靠岸。月光明亮澄净，江面波涛涌动，水气与月色融为一体，天空都变为白色。看到此景我感到非常惊喜。至金山寺乘船登岸游览时，已是二更时分了。经过龙王堂，进入大殿，十分寂静。月光透过树叶的间隙洒在地面，斑驳稀疏如残雪。我命小奴拿着演戏的道具，在大殿中大张灯火，唱韩世忠金山、长江大战等几出剧。铜锣声打破了寺庙的寂静，僧人们皆起身围观。有老僧用手背擦眼角，目瞪口呆地看着我们，呵欠、笑声、喷嚏声忽然一下全从嘴里喷出来了。渐渐的，他们想知道我们是何许人、因为何事到此，但又不敢问。戏演完都快天亮了，我们解开缆绳登上小船过江而去。僧人们拥到山脚目送我们离去，不知我们到底是人是鬼，还是妖怪。

·原文·

筠芝亭，浑朴一亭耳。然而亭之事尽，筠芝亭一山之事亦尽。吾家后此亭而亭者，不及筠芝亭；后此亭而楼者、阁者、斋者，亦不及。总之，多一楼，亭中多一楼之碍；多一墙，亭中多一墙之碍。太仆公造此亭成，亭之外更不增一椽一瓦，亭之内亦不设一槛一扉，此其意有在也。亭前后，太仆公手植树皆合抱，清樾轻岚，滃滃翳翳，如在秋水。亭前石台，猎取亭中之景物而先得之，升高眺远，眼界光明。敬亭诸山，箕踞麓下；溪壑萦回，水出松叶之上。台下右旋，曲磴三折，老松偻背而立，顶垂一干，倒下如小幢，小枝盘郁，曲出辅之，旋盖如曲柄葆羽。癸丑以前，不垣不台，松意尤畅。

·译文·

筠芝亭原本是一座朴实的亭子。当亭子修好后，所在的这座山的景色已是极盛。日后我家修建的任意一座亭子皆不如筠芝亭；再建的任何楼、阁、斋室，也不如筠芝亭。总之，如果多建一座楼，就多了一座楼的妨碍；多修一堵墙，又多了一堵墙的妨碍。叔祖建此亭时，亭外不添一根木椽、一片瓦，亭子里也不再增设一道门槛、一扇窗户，这样才使筠芝亭有恰到好处的意味。叔祖在亭子前后所种的树如今都有双手合抱这么粗了，郁郁葱葱，架起了一片绿荫，如身处秋水旁。站在亭前的石台上，能领略亭中景致的美妙，还能登高远眺，眼界开阔。敬亭山等山峰皆盘曲在筠芝亭脚下，山中溪水蜿蜒曲折，树木高低错落，远远望去，小溪的水像是从松叶中流出。石台下方右边的三道石阶的旁边，有一棵苍劲的老松，弯腰而立，从树顶垂下一条枝干，形态像一面旗帜，小松枝盘旋茂盛，弯弯曲曲地在一旁陪衬着，就像鸟羽聚于柄头的华盖。万历四十一年（1613）前，此处没有砌围墙和石台，松树意境尤其畅达。

筠芝亭

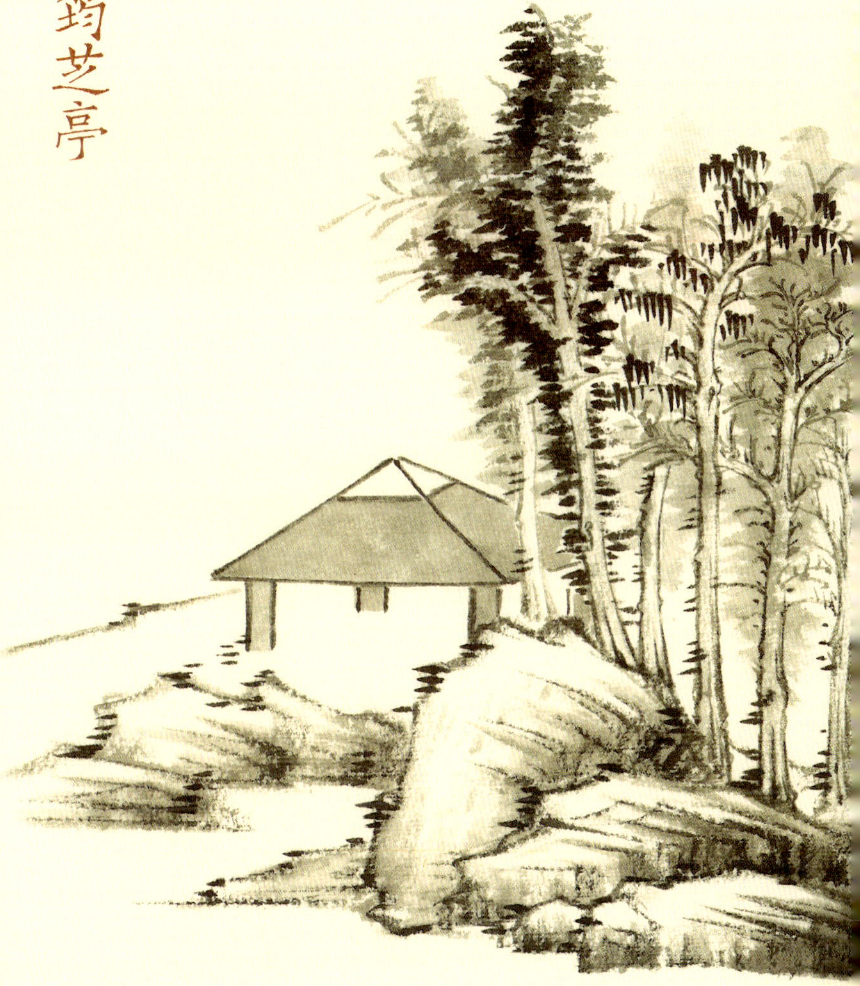

砎园

·原文·

砎园，水盘据之，而得水之用，又安顿之若无水者。寿花堂，界以堤，以小眉山，以天问台，以竹径，则曲而长，则水之。内宅，隔以霞爽轩，以酣漱，以长廊，以小曲桥，以东篱，则深而邃，则水之。临池，截以鲈香亭、梅花禅，则静而远，则水之。缘城，护以贞六居，以无漏庵，以菜园，以邻居小户，则闷而安，则水之用尽。而水之意色，指归乎庞公池之水。庞公池，人弃我取，一意向园，目不他瞩，肠不他回，口不他诺，龙山夔蛇，三折就之，而水不之顾。人称砎园能用水，而卒得水力焉。大父在日，园极华缛。有二老盘旋其中，一老曰："竟是蓬莱阆苑了也！"一老咈之曰："个边那有这样！"

·译文·

在砎园，流水萦绕其中，既可用水，又通过巧妙的设计让流水隐藏在园内。寿花堂以岸堤、小眉山、天问台、竹径为界，曲折悠长，这是用水得当；内宅以霞爽轩、酣漱楼、长廊、小曲桥、东篱相隔，深邃蜿蜒，也是用水得当；快到庞公池时，以鲈香亭、梅花禅将水截断，这也是用水得当；沿着城墙修建砎园，以贞六居、无漏庵、菜园与邻家小院相互掩映，幽静安宁，则是将水用到极致，而水的变化仍归于庞公池的池水。庞公池的水别人看不上，但我却能充分将其用于砎园中，并且不用作他处，水流一路入园，一心一意庇佑此园安宁。即使旁边的卧龙山几经曲折想要靠近庞龙池，但池水仍不为所动。人们都说砎园的建

造者善于用水，而最终也的确得到了水的助力。

祖父在时，砎园极其华美富丽。有两位老人在园中观赏，其中一位老人说：“此乃阆苑仙境了！”另一位老人说：“那边哪有这里好！”

·原文·

天启壬戌六月二十四日，偶至苏州，见士女倾城而出，毕集于葑门外之荷花宕。楼船画舫至鱼艬小艇，雇觅一空。远方游客，有持数万钱无所得舟，蚁旋岸上者。余移舟往观，一无所见。宕中以大船为经，小船为纬，游冶子弟，轻舟鼓吹，往来如梭。舟中丽人皆倩妆淡服，摩肩簇舄，汗透重纱。舟楫之胜以挤，鼓吹之胜以集，男女之胜以溷，歊暑燂烁，靡沸终日而已。荷花宕经岁无人迹，是日，士女以鞋靸不至为耻。袁石公曰："其男女之杂，灿烂之景，不可名状。大约露帏则千花竞笑，举袂则乱云出峡，挥扇则星流月映，闻歌则雷辊涛趋。"盖恨虎丘中秋夜之模糊躲闪，特至是日而明白昭著之也。

·译文·

天启二年（1622）六月二十四日，我偶然来到苏州，见男女老少皆出城，聚集到葑门外的荷花宕。画舫小船皆被租用，远方而来的游客，即使手持数万钱也难求一舟，在岸边急得像热锅上的蚂蚁。我划着小舟上前，却什么也没看到。荷花宕中大小船只如经纬线交错混杂，游览的贵族子弟吹着乐曲坐在小船上，往来穿梭。船上的美人都有着精致的妆容，身着淡雅的服装，接踵比肩，汗水湿透了几层纱衣。舟船拥挤，鼓吹杂乱，人群气味浑浊，天气炎热，就这样持续一整天。荷花宕一年到头都没什么游客，但每到这一天，苏州人均以未至此处为耻。袁宏道说："人群之繁杂，灿烂的景象，难以用言语描述。大约是掀起帷幕看到美丽的笑颜，衣袖翻飞如云朵在山谷翻涌，挥扇如星流月映，歌声如雷声涌动。"大概是怅叹虎丘中秋之夜男女身影模糊不清，特意以这一天来明白地展现自己吧。

葑门荷宕

越俗扫墓

·原文·

越俗扫墓，男女袨服靓妆，画船箫鼓，如杭州人游湖，厚人薄鬼，率以为常。二十年前，中人之家尚用平水屋帻船，男女分两截坐，不坐船，不鼓吹，先辈谑之曰：“以结上文两节之意。”后渐华靡，虽监门小户，男女必用两坐船，必巾，必鼓吹，必欢呼畅饮。下午必就其路之所近，游庵堂、寺院及士夫家花园。鼓吹近城，必吹《海东青》《独行千里》，锣鼓错杂。酒徒沾醉，必岸帻嚣嚎，唱无字曲，或舟中攘臂，与侪列厮打。自二月朔至夏至，填城溢国，日日如之。

乙酉方兵，画江而守，虽鱼艭菱舠，收拾略尽。坟垅数十里而遥，子孙数人挑鱼肉楮钱，徒步往返之，妇女不得出城者三岁矣。萧索凄凉，亦物极必反之一。

·译文·

吴越地区有在清明时节扫墓的习俗，男女身着华美的衣裳，乘坐装饰富丽的船只奏乐欢庆，就像杭州人游湖一样，重生薄死，大家对这种场景司空见惯。二十年前，中等人家还只是乘坐平水屋帻船，男女分开，分别站在船头和船尾，不能在船上坐下，也不奏乐。先辈开玩笑说：“这是结束上文（坟）两节（截）的意味。”后来越来越铺张，即使是普通人家，也必用有座位的船，必定在头上裹上方巾，且一定要鼓吹奏乐，开怀畅饮。扫墓结束后，下午就会去附近游玩，如庵堂、寺院与士大夫家的花园。当船快靠近城边时必定要击鼓奏乐，还一定要吹《海东青》《独行千里》，锣鼓齐鸣，声音错杂。醉酒之人会耍酒疯，大

喊大叫，唱着无字曲，或与同船之人打闹。从二月初一到夏至，这番热闹的景象到处都有，日日如此。

顺治二年（1645），方安国的部下渡江镇守此地，无论大小船只皆征用没收。距离坟墓几十里远的路途，子孙数人也只能用肩膀挑着祭品步行前往，妇女已经三年不能出城了，惨淡凄凉，想起之前的盛世场景，如今可谓是物极必反了。

天砚

· 原文 ·

少年视砚，不得砚丑。徽州汪砚伯至，以古款废砚，立得重价，越中藏石俱尽。阅砚多，砚理出。曾托友人秦一生为余觅石，遍城中无有。山阴狱中大盗出一石，璞耳，索银二斤。余适往武林，一生造次不能辨，持示燕客。燕客指石中白眼曰："黄牙臭口，堪留支桌。"赚一生还盗。燕客夜以三十金攫去。命砚伯制一天砚，上五小星一大星，谱曰"五星拱月"。燕客恐一生见，铲去大小二星，止留三小星。一生知之，大懊恨，向余言。余笑曰："犹子比儿。"亟往索看。燕客捧出，赤比马肝，酥润如玉，背隐

· 译文 ·

年少时看砚，不懂得美丑。徽州汪砚伯来时，在旧砚上题了几个古字，旧砚马上身价倍增，连越中的藏石都比不上了。看的砚越多，也就慢慢摸清了些门道。曾委托好友秦一生替我去找好石头，找遍全城都没有。听说山阴的狱中大盗准备出售一块璞石，开价二斤银子。我刚好去杭州了，一生仓促间辨别不了这块石头的好坏，便请张燕客品鉴。张燕客指着石头上的白眼说："这块石头品质低劣，只能拿来垫桌脚。"便哄骗秦一生把石头还给大盗。当晚，张燕客跑到大盗那里以三十金将石头买去，请汪砚伯以此石制作了一块砚台，上面有五颗小星星和一颗大星星，名作"五星拱月"，燕客担心此

白丝类玛瑙，指螺细篆，面三星坟起如弩眼，着墨无声而墨沉烟起，一生痴瘛，口张而不能翕。燕客属余铭，铭曰："女娲炼天，不分玉石。鳌血芦灰，烹霞铸日。星河混扰，参横箕翕。"

事被一生知道，便铲去大小两颗星，只留下三颗小星星。一生知道后非常懊恼，我笑道："侄子好比儿子，这块石头不管在谁手里，其实都是一样的。"于是我们便前往燕客那里观赏此石。燕客拿出这块石头，颜色红郁像马肝，温润无比，背部隐约可见玛瑙的白丝，刻有细小篆文，正面凸起处像星星，着墨时没有声响且墨沉下去时有烟生起。一生看呆了，简直是合不拢嘴。燕客请我为此砚题写铭文，我写道："女娲炼天，不分玉石。鳌血芦灰，烹霞铸日。星河混扰，参横箕翕。"

吴中绝技

·原文·

吴中绝技：陆子冈之治玉，鲍天成之治犀，周柱之治嵌镶，赵良璧之治梳，朱碧山之治金银，马勋、荷叶李之治扇，张寄修之治琴，范昆白之治三弦子，俱可上下百年保无敌手。

但其良工苦心，亦技艺之能事。至其厚薄深浅，浓淡疏密，适与后世赏鉴家之心力、目力针芥相投，是岂工匠之所能办乎？

盖技也而进乎道矣。

·译文·

苏州的绝技有：陆子冈的玉雕，鲍天成的犀角雕刻，周柱的镶嵌工艺，赵良璧制作的梳子，朱碧山的金银器雕刻，马勋、荷叶李的扇子，张寄修制的琴，范昆白制的三弦琴，均可流传百年，无人能与之媲美。

纵然这些匠人用心良苦，也只能在技艺上极尽其事，至于那些成品的厚薄深浅、浓淡疏密，恰好与后世鉴赏家们心思眼光相合，这些哪里是一般工匠所能办得到的呢？

这大概就是始于技而归于道吧。

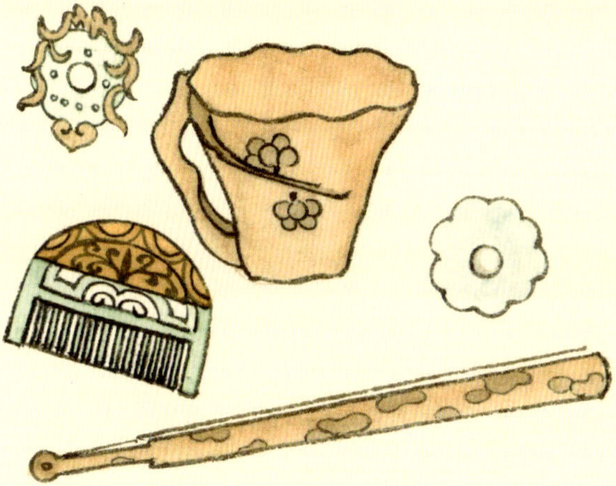

濮仲谦雕刻

·原文·

南京濮仲谦，古貌古心，粥粥若无能者，然其技艺之巧，夺天工焉。其竹器，一帚、一刷，竹寸耳，勾勒数刀，价以两计。然其所以自喜者，又必用竹之盘根错节，以不事刀斧为奇，则是经其手略刮磨之，而遂得重价，真不可解也。仲谦名噪甚，得其款，物辄腾贵。三山街润泽于仲谦之手者数十人焉，而仲谦赤贫自如也。于友人座间见有佳竹、佳犀，辄自为之。意偶不属，虽势劫之，利啖之，终不可得。

·译文·

南京人濮仲谦有古人风范，卑恭和顺得像个无能的人，然而他的雕刻技术高超，巧夺天工。他用一把小帚子，一把刷子，一个竹片，只需寥寥几刀，做出来的竹器价格飙升。而他自己喜欢的竹器，必是选用盘根错节的竹子，不用刀斧砍削，只是略微刮磨几下，便能获得高价，简直不可思议。濮仲谦名噪一时，物品上只要题有他的款识，价格就会飞涨。三山街上有几十人因为仿造他的款识而获利，然而濮仲谦本人却赤贫如洗。与朋友聚会时，如果见到好的竹子、犀角，他便会立刻动手雕刻。偶尔不顺心的时候，即使有人以势压他、以利诱惑他，最终也得不到他的作品。

卷贰

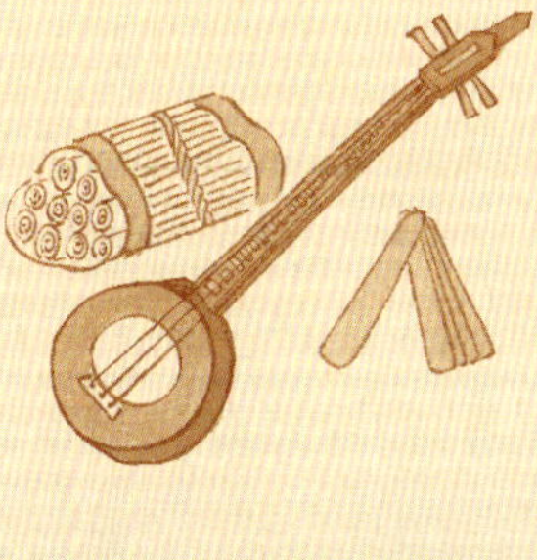

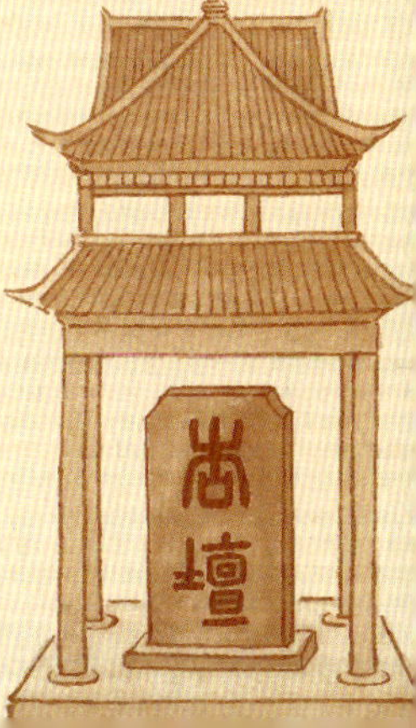

·原文·

己巳，至曲阜谒孔庙，买门者门以入。宫墙上有楼耸出，匾曰“梁山伯祝英台读书处”，骇异之。进仪门，看孔子手植桧，桧历周、秦、汉、晋几千年，至晋怀帝永嘉三年而枯。枯三百有九年，子孙守之不毁，至隋恭帝义宁元年复生。生五十一年，至唐高宗乾封三年再枯。枯三百七十有四年，至宋仁宗康定元年再荣。至金宣宗贞祐三年罹于兵火，枝叶俱焚，仅存其干，高二丈有奇。后八十一年，元世祖三十一年再发。至洪武二十二年己巳，发数枝蓊郁。后十年又落。摩其干，滑泽坚润，纹皆左纽，扣之作金石声。孔氏子孙恒视其荣枯，以占世运焉。

·译文·

崇祯二年（1629）我到山东曲阜拜访孔庙，买通守门人得以进入。宫墙上有高楼耸出，牌匾上写着“梁山伯和祝英台读书的地方”，让我感到很诧异。走进旁门，我见到了孔子手植的桧树。这棵树历经周朝、秦代、汉、晋几千年，直至晋怀帝永嘉三年（309）时枯死。枯死了三百零九年，因孔子后代子孙的守护得以保全，于隋恭帝义宁元年（617）又复活了。活了五十一年后，到唐高宗乾封三年（668）又枯死了，枯死了三百七十四年，到宋仁宗康定元年（1040）又枝繁叶茂。到金宣宗贞祐三年（1215）枝叶毁于战火，仅存枝干。八十一年后，元世祖三十一年（1294）重新长出绿芽，洪武二十二年（1389）长出枝干，郁郁葱葱，十多年后又枯萎了。树干光滑坚硬有质感，纹路向左，用手指敲树干会发出清脆有力的声音。孔子后人以此树的枯荣来占卜王朝的兴衰。

孔庙桧

再进一大亭，卧一碑，书“杏坛”二字，党英笔也。亭界一桥，洙、泗水汇此。过桥，入大殿，殿壮丽，宣圣及四配、十哲俱塑像冕旒。案上列铜鼎三、一牺、一象、一辟邪，款制遒古，浑身翡翠，以钉钉案上。阶下竖历代帝王碑记，独元碑高大，用风磨铜赑屃，高丈余。左殿三楹，规模略小，为孔氏家庙。东西两壁，用小木匾书历代帝王祭文。西壁之隅，高皇帝殿焉。庙中凡明朝封号，俱置不用，总以见其大也。孔家人曰：“天下只三家人家，我家与江西张、凤阳朱而已。江西张，道士气；凤阳朱，暴发人家，小家气。”

走进一座凉亭，里面横卧着一块写有“杏坛”二字的石碑，此二字出党怀英所写。亭子旁边有一座小桥，洙水和泗水在此处交汇。走过这座桥进入大殿，殿内富丽堂皇，孔子与四位儒家圣贤、孔门最优秀的十名学生的塑像都头戴冕旒。案台上摆放着三个铜鼎、一只纯色的祭祀用牛、一头象、一个辟邪，均由翡翠制成，样式遒劲古朴，以钉子固定在案台上。台阶下竖立着各朝帝王铭刻的碑石，以元代碑石最为高大，以风磨铜制成龟趺，高一丈多。左殿有三间较小的屋子是孔子家族的家庙。东西两边的墙壁上挂着小木匾，上面书写着历代帝王的祭文。西边角落的房间是高皇帝殿。孔氏家族很庞大，以至于孔庙中都不采用明代封号。孔家人说：“天下只有三家人，我家与江西的张天师家、安徽凤阳的朱家而已。江西的张家，道士气；凤阳的朱家是暴发户，小家子气。”

杏坛

孔林

·原文·

曲阜出北门五里许，为孔林。紫金城城之，门以楼，楼上见小山一点，正对东南者，峄山也。折而西，有石虎、石羊三四，在榛莽中。过一桥，二水汇，泗水也。享殿后有子贡手植楷。楷大小千余本，鲁人取为材、为棋枰。享殿正对伯鱼墓，圣人葬其子得中气。由伯鱼墓折而右，为宣圣墓。去数丈，案一小山，小山之南为子思墓。数百武之内，父、子、孙三墓在焉。谯周云："孔子死后，鲁人就冢次而居者百有余家，曰'孔里'。"《孔丛子》曰："夫子墓茔方一里，在鲁城北六里泗水上。"诸孔氏封五十余所，人名昭穆，不可复识。

·译文·

曲阜从北门外出五里为孔林，紫金城围着它，以城楼为门，站在城楼上东南方向有一座峄山。在城楼上转向西边，草木丛中有三四座石虎、石羊。过一座小桥，两条河交汇于此，名叫泗水。享殿后面有一千余株子贡手植的楷树，山东人取它制成木材、棋盘。享殿正对着孔鲤墓，圣人将其子葬于此以得中和之气。孔鲤墓往右是孔子墓。子思墓在离孔子墓几丈远的小山南边。在这几百步之内的范围内，有孔氏三代人的墓地。谯周说："孔子死后，孔氏后人葬于此处者有一百多家，名叫'孔里'。"《孔丛子》说："孔夫子的墓方圆一里，在曲阜北边六里远的泗水边。"孔氏后人在此地共建了五十多座墓祠，按宗法制度左昭右穆排列，但如今时间久远已无法辨认。

有碑铭三，兽碣俱在。《皇览》曰："弟子各以四方奇木来植，故多异树不能名。一里之中未尝产棘木、荆草。"紫金城外，环而墓者数千家，三千二百余年，子孙列葬不他徙，从古帝王所不能比隆也。宣圣墓右有小屋三间，匾曰"子贡庐墓处"。盖自兖州至曲阜道上，时官以木坊表识，有曰"齐人归讙处"，有曰"子在川上处"，尚有义理；至泰山顶上，乃勒石曰"孔子小天下处"，则不觉失笑矣。

孔林有三块碑铭，保存完好，饰有兽形的碑刻都还在。《皇览》说："孔子的学生从全国各地移植了很多奇树异木在这里，这些树木大多叫不出名字，附近一里之内就再也没有棘木、荆草长出。"环绕着紫金城，在城外墓葬的有数千家，三千二百多年来，这些人的后代子孙们也都依次葬在这里而不迁徙到别的地方，自古以来帝王的陵园都比不上这里的墓葬规模之隆重盛大。孔子墓地右边有三间小屋，门匾上写着"子贡庐墓处"。原来从兖州到曲阜的道路上，当时有官府的木牌坊作为标识，有"齐人归讙处"，有"子在川上处"，这些名称尚且还有些道理；到了泰山山顶，有在石头上刻"孔子小天下处"，这就让人忍不住发笑了。

鲁藩烟火

·原文·

兖州鲁藩烟火妙天下。烟火必张灯，鲁藩之灯，灯其殿、灯其壁、灯其楹柱、灯其屏、灯其座、灯其宫扇伞盖。诸王公子、宫娥僚属、队舞乐工，尽收为灯中景物。及放烟火，灯中景物又收为烟火中景物。天下之看灯者，看灯灯外；看烟火者，看烟火外。未有身入灯中、光中、影中、烟中、火中，闪烁变幻，不知其为王宫内之烟火，亦不知其为烟火内之王宫也。

殿前搭木架数层，上放"黄蜂出窠""撒花盖顶""天花喷礴"。四旁珍珠帘八架，架高二丈许，每一帘嵌孝、

·译文·

兖州鲁藩的烟火妙绝天下。放烟火前必须先挂灯，鲁藩王府的灯挂在各个地方：大殿上、墙壁上、门柱上、屏风上、座椅上、宫扇上、伞盖上。王侯公子、宫女幕僚、舞者乐工，也在灯火的掩映下成为灯海中的景物。等到放烟火的时候，灯海中的景物又被收作烟火中的景物。天下各地赶来看灯的人，在王府灯景之外看灯，看烟火的人看着烟火，他们置身烟火之外，如果没有亲临这灯、光、影、烟、火的盛大场景中，感受这灯火闪烁变幻，也就不知晓这王宫内的烟火美不胜收，更不知道这种烟火中的王宫景象。

大殿前搭起好几层木架，上面摆放着"黄蜂出窠""撒花盖顶""天花喷礴"等灯火。四周有八架珍珠帘，每架珍珠帘高约两丈，各帘上嵌有孝、悌、忠、信、礼、义、廉、耻一个大字，每字高

悌、忠、信、礼、义、廉、耻一大字。每字高丈许，晶映高明。下以五色火漆塑狮、象、橐驼之属百余头，上骑百蛮，手中持象牙、犀角、珊瑚、玉斗诸器，器中实“千丈菊”“千丈梨”诸火器，兽足蹑以车轮，腹内藏人。旋转其下，

约一丈多，清晰明亮。架子下面，木塑的狮子、大象、骆驼模型有百余头，都是用五色火漆涂装好的，上面骑有一百多个装扮粗野的人，他们手持象牙、犀角、珊瑚、玉斗等器物，器物里面藏有“千丈菊”“千丈梨”等各种火器，野兽模型的脚下安装有车轮，人们藏在野兽模型的肚内，用脚踩踏使模型前进，蛮人手中的瓶花慢慢喷发，排列得像大雁一样一行一行的，一边移动，一边变换阵型。移动的时候，百兽口中喷出火焰，尾部也喷出火焰，纵横交织。宫殿正南门内外，烟雾火焰遮蔽了天空，看不清明亮的夜月，露水也不能降下。一旁观看的观众视听全部被这场面给吸引了，看得狂热恍惚，双手紧握，久久不能放松。

以前有一个苏州人，夸耀他们苏州的烟火之事也很盛大，他说：“苏州这时如果有烟火，也没有地方放了，放了也不能升到

百蛮手中瓶花徐发，雁雁行行，且阵且走。移时，百兽口出火，尻亦出火，纵横践踏。端门内外，烟焰蔽天，月不得明，露不得下。看者耳目攫夺，屡欲狂易，恒内手持之。

昔者有一苏州人，自夸其州中灯事之盛，曰：“苏州此时有烟火，亦无处放，放亦不得上。”众曰：“何也？”曰：“此时天上被烟火挤住，无空隙处耳！”人笑其诞。于鲁府观之，殆不诬也。

天上去。”众人问道：“为什么？”他回答：“这时天上已经被烟火挤满了，没有空隙了！”人们都笑话他说得太夸张了。我在鲁府观看了这里的烟火之后，才知道那个苏州人并没有欺骗我们。

绍兴琴派

·原文·

丙辰，学琴于王侣鹅，绍兴存王明泉派者推侣鹅，学《渔樵问答》《列子御风》《碧玉调》《水龙吟》《捣衣环珮声》等曲。戊午，学琴于王本吾，半年得二十余曲:《雁落平沙》《山居吟》《静观吟》《清夜坐钟》《乌夜咏》《汉宫秋》《高山流水》《梅花弄》《淳化引》《沧江夜雨》《庄周梦》，又《胡笳十八拍》《普庵咒》等小曲十余种。王本吾指法圆静，微带油腔。余得其法，练熟还生，以涩勒出之，遂称合作。同学者，范与兰、尹尔韬、

·译文·

万历四十四年（1616），我向王侣鹅学习弹琴，当时绍兴王明泉琴派首推王侣鹅，我学习了《渔樵问答》《列子御风》《碧玉调》《水龙吟》《捣衣环珮声》等曲子。万历四十六年（1618），我又师从王本吾，半年间学习了二十多首曲子:《雁落平沙》《山居吟》《静观吟》《清夜坐钟》《乌夜咏》《汉宫秋》《高山流水》《梅花弄》《淳化引》《沧江夜雨》《庄周梦》，又有《胡笳十八拍》《普庵咒》等十多种小曲。王本吾指法圆润恬静，琴声中微微带着一丝油滑的腔调。我领悟到他的琴法妙处，并由熟练回

何紫翔、王士美、燕客、平子。与兰、士美、燕客、平子俱不成，紫翔得本吾之八九而微嫩，尔韬得本吾之八九而微迂。余曾与本吾、紫翔、尔韬取琴四张弹之，如出一手，听者骇服。后本吾而来越者，有张慎行、何明台，结实有余而萧散不足，无出本吾上者。

到生涩，以音色沉着晦涩而出师，于是与王本吾互相切磋合作。和我一起在王本吾门下学习的有范与兰、尹尔韬、何紫翔、王士美、燕客、平子。范与兰、王士美、燕客、平子都没有学成出师，何紫翔学习到王本吾琴艺的十之八九，但仍有稚嫩的感觉，尹尔韬也习得王本吾琴艺的十之八九，但略显迂腐。我曾经和王本吾、何紫翔、尹尔韬一起拿出四张琴共同弹奏，琴声和谐得如同只有一个人在弹奏，在场的听众都惊叹佩服。王本吾之后来到越地的琴师有张慎行、何明台，他们的琴艺基础功力扎实但是曲调不够悠扬婉转，这些人没有比得过王本吾的。

焦山

·原文·

仲叔守瓜州，余借住于园，无事辄登金山寺。风月清爽，二鼓，犹上妙高台，长江之险，遂同沟浍。

一日，放舟焦山，山更纡谲可喜。江曲涡山下，水望澄明，渊无潜甲。海猪、海马，投饭起食，驯扰若豢鱼。看水晶殿，寻瘗鹤铭，山无人杂，静若太古。回首瓜州，烟火城中，真如隔世。饭饱睡足，新浴而出，走拜焦处士祠。见其轩冕黼黻，夫人列坐，陪臣四，女官四，羽葆云罕，俨然王者。盖土人奉为土谷，以王礼祀之。是犹以杜十姨配伍髭须，千古不能正其非也。处士有灵，不知走向何所？

·译文·

我的叔父驻守瓜州时，我借住在于园，没事的时候就会去爬金山寺。风清月明的时候，我在二更左右登上妙高台，远眺长江天险，觉得长江和田间沟渠也没有什么不同。

有一天，乘船到焦山去，在船上望见焦山山势迂回曲折，令人喜爱。长江在焦山山脚下盘旋流转，江水清澈见底，水下没有潜藏的甲鱼。向水中投下饭食，就会有江豚和海马跃起争抢，温驯得好像是家中豢养的鱼。在山上观赏了水晶殿，探寻了瘗鹤铭，山中没有闲杂的人，安静得就像是在太古时一样。回头看看瓜州，城中人间烟火鼎沸的情形，和这里就像隔着一个世界。吃饱睡好之后，我沐浴一新，前往焦处士祠

祭拜。只见他头戴官帽，身着华丽的衣服，端坐正中，他夫人列坐在一旁，身旁站立着四个近侍和四个女官，身后有羽毛装饰的车盖和旌旗，仪仗就像王者一样。原来是当地人把他供奉为土地神，所以用王者的礼仪规格进行祭祀。这样就像用杜拾遗（杜甫）来陪伍子胥，永远无法纠正过来，如果焦处士在天有灵，不知他还会不会留在这里？

表胜庵

·原文·

炉峰石屋，为一金和尚结茅守土之地，后住锡柯桥融光寺。大父造表胜庵成，迎和尚还山住持。命余作启，启曰：

“伏以丛林表胜，惭给孤之大地布金；天瓦安禅，冀宝掌自五天飞锡。重来石塔，戒长老特为东坡；悬契松枝，万回师却逢西向。去无作相，住亦随缘，伏惟九里山之精蓝，实是一金师之初地。偶听柯亭之竹笛，留滞人间；久虚石屋之烟霞，应超尘外。譬之孤天之鹤，尚眷旧枝；想彼弥空之云，亦归故岫。况兹胜域，宜兆

·译文·

香炉峰石屋是一金大师结庐居住的处所，他后来移居至柯桥融光寺住锡。我的祖父将香炉峰石屋改造成表胜庵，希望迎请一金大师重回这里担任住持。祖父命我写信邀请，信上这么写道：

“晚辈恭敬地给您汇报，丛林掩映中的表胜庵已于日前建成，惭愧的是不能像孤独园那样将地面铺设金砖；您在天瓦山房可以安心打坐修行，希望您像宝掌大师一样云游八方后来此栖息。当年戒弼长老被苏东坡的深情厚谊所感动，回到西湖石塔做住持；灵岩寺的松枝向东方生长，是被玄奘法师西天取经的宏愿感动，万回大师能够日行万里去西方探望兄长，是因为他的孝心感天动地的缘故。离开时随性，住下也是随缘分，希望您念及九里山僧寺曾是大师您最初待过的地方。您偶然听到柯亭的悠扬笛声，而滞留在尘世，石屋禅寺空有美好的烟霞景致，大师您应该回山超脱凡尘了。譬如天上的孤鹤，尚且眷恋旧枝；想象那些天上飘动

异人，了住山之夙因，立开堂之新范。护门容虎，洗钵归龙。茗得先春，仍是寒泉风味；香来破腊，依然茅屋梅花。半月岩似与人猜，请大师试为标指；一片石正堪对语，听生公说到点头。敬藉山灵，愿同石隐。倘静念结远公之社，定不攒眉；若居心如康乐之流，自难开口。立返山中之驾，看回湖上之船，仰望慈悲，俯从大众。”

的云彩，也总会回到原来的山中。何况这样的胜地，适宜您这样的大师居住，正好了结曾经在这山中的夙缘，又能在表胜庵树立开坛说法的新风范。您的功德就像慧远大师一样，让猛虎来为您守护山门；您的修行就像高僧涉公一样，让神龙为您洗钵。早春的香茗，还是您当初品尝过的清冽泉水的风味；岁末年初的梅香，仍是您当初闻过的茅庐边的梅花香味。这里的半月岩似乎正等着您来说破它的实相，这里的灵石也只等您来对话，期待您像生公一样讲经说法使万物点头。借着山中神灵，与灵石一起隐居此处。倘若您像慧远大师结白莲社那样倡导净土法门，那您对这番邀请，一定不会不高兴，我若是有像谢灵运那样高攀慧远大师的想法，也难以向您开口请求。晚辈希望能看到您的大驾立刻还山，看到您的行船掉转湖上，期待您大发慈悲，体恤地方上百姓们对您的仰慕，同意这番邀请。”

梅花书屋

·原文·

陔萼楼后老屋倾圮，余筑基四尺，造书屋一大间。旁广耳室如纱幮，设卧榻。前后空地，后墙坛其趾，西瓜瓤大牡丹三株，花出墙上，岁满三百余朵。坛前西府二树，花时积三尺香雪。前四壁稍高，对面砌石台，插太湖石数峰。西溪梅骨古劲，滇茶数茎，妩媚其旁。梅根种西番莲，缠绕如缨络。窗外竹棚，密宝襄盖之。阶下翠草深三尺，秋海棠疏疏杂入。前后明窗，宝襄西府，渐作绿暗。余坐卧其中，非高流佳客，不得辄入。慕倪迂“清闷”，又以“云林秘阁”名之。

·译文·

陔萼楼后面的老房屋倒塌了，我将这里的地基加高四尺，建造了　间大书屋。旁边有个小房间就像是用纱帐隔出一样，我在里面设置了卧榻。在书屋前后的空地上，在靠近墙角的地方建了花坛，栽种了三株大牡丹花，它们的花朵颜色鲜艳，如西瓜瓤一般，花生长旺盛爬出墙头，每年都要开三百多朵花。花坛前面还有两棵西府海棠，开花的时候，就好像堆积了三尺高的香雪一般。前院四周的墙壁略高，墙的对面砌了石台，用几块太湖石摆出假山造型。再布置遒劲古朴的西溪梅花数枝，妩媚绽放的滇茶数棵，梅花树下种上西番莲，藤蔓缠绕宛如璎珞珠串。窗外用竹子搭建凉棚，有一种名叫“宝相”的蔷薇花茂密地覆盖在凉棚上。台阶下的青草有三尺深，中间稀疏地种了几株秋海棠。书屋前后开窗，光线明亮，

窗外宝相花和西府海棠逐渐生长，渐渐形成一片绿荫。我在书屋中坐卧休息，没有高士宾客到访，不允许其他人进入。我一直很仰慕倪云林的清闷阁，故以“云林秘阁”给书屋命名。

不二斋

·原文·

不二斋，高梧三丈，翠樾千重，墙西稍空，蜡梅补之，但有绿天，暑气不到。后窗墙高于槛，方竹数竿，潇潇洒洒，郑子昭“满耳秋声”横披一幅。天光下射，望空视之，晶沁如玻璃、云母，坐者恒在清凉世界。图书四壁，充栋连床；鼎彝尊罍，不移而具。余于左设石床竹几，帷之纱幕，以障蚊虻；绿暗侵纱，照面成碧。夏日，建兰、茉莉，芗泽浸人，沁入衣裾。重阳前后，移菊北窗下，菊盆五层，高下列之，颜色空明，天光晶映，如沉秋水。冬则梧叶落，蜡梅开，暖日晒窗，红炉毾㲪。以昆山石

·译文·

不二斋旁边有三丈高的梧桐树，枝繁叶茂，只是还不能生长到西边的围墙那去，我在那里种植蜡梅，这样就有一片树荫蔽日，夏天里暑气就进不到书斋里。书斋后窗那堵墙比外面的栏杆要高，栏杆后面长着几竿竹子，清新潇洒，窗户上还挂有一幅郑子昭写的“满耳秋声”横批。阳光从外面照射进来，我在书斋里探头望天，眼睛里的世界明净透亮如同水晶、云母一般，在这里安坐宛如永远置身于清凉世界。书斋四面墙上都是书，堆起来把床也连接了；鼎彝尊罍这类古董也都安然地陈列在屋中各处。我在书斋的左边摆放好石床和竹几，用纱幕遮蔽好，以防蚊虫；在书斋里可以看到外面的绿荫使纱幕染上暗绿色，映照在面前像碧玉一般。夏天，建兰和茉莉花开了，花香沁人，沁入衣裳。重阳节前后，我在北边的窗下移入菊花，分上下五

种水仙，列阶趾。春时，四壁下皆山兰，槛前芍药半亩，多有异本。余解衣盘礴，寒暑未尝轻出，思之如在隔世。

层将菊花盆摆好，菊花颜色淡雅纯净，秋天阳光明媚，照在菊花上就像倒映在秋水中一样。冬天的时候，梧桐落叶，蜡梅悄悄绽放，暖日照在窗台上，如同围着火炉、披着毛毯一般温暖。用昆山石花盆种植水仙花，摆放到台阶下面。春天的时候，书斋四面山兰花开了，栏杆前再种上半亩芍药，这些很多都是稀有的品种。我在书斋里宽衣盘腿而坐，悠闲自在，寒暑天不轻易出门，现在回忆起那样悠闲惬意的生活恍如隔世。

砂罐锡注

·原文·

宜兴罐，以龚春为上，时大彬次之，陈用卿又次之。锡注，以王元吉为上，归懋德次之。夫砂罐，砂也；锡注，锡也。器方脱手，而一罐一注价五六金，则是砂与锡与价，其轻重正相等焉，岂非怪事。一砂罐、一锡注，直跻之商彝、周鼎之列而毫无惭色，则是其品地也。

·译文·

宜兴的砂罐以龚春做的为一等品，其次是时大彬，再次一等是陈用卿做的。锡注数王元吉做得最好，其次是归懋德。砂罐以砂做成，锡注以锡制成。可是一经出售，一个砂罐和锡注都值五六金，这是砂罐和锡注的价钱与它们的重量相等，这不是一件奇怪的事情吗？一个砂罐、一个锡注，它们的价钱直逼商彝、周鼎，且还有很多人追捧，这是因为砂罐、锡注的品质出众。

沈梅冈

· 原文 ·

沈梅冈先生忤相嵩，在狱十八年。读书之暇，旁攻匠艺，无斧锯，以片铁日夕磨之，遂铦利。得香楠尺许，琢为文具一，大匣三、小匣七、壁锁二；棕竹数片，为箑一，为骨十八，以筝、以缝、以键，坚密肉好，巧匠谢不能事。夫人丐先文恭志公墓，持以为贽，文恭拜受之。铭其匣曰："十九年，中郎节，十八年，给谏匣；节邪匣邪同一辙。"铭其箑曰："塞外毡，饥可餐；狱中箑，尘莫干；前苏后沈名班班。"梅冈制，文恭铭，徐文长书，张应尧镌，人称四绝，余珍藏之。

又闻其以粥炼土，凡数年，范为铜鼓者二，声闻里许，胜暹罗铜。

· 译文 ·

沈梅冈先生因为忤逆宰相严嵩，在狱中关押了十八年。他在狱中除了读书，闲暇时钻研雕刻工艺，没有斧头和锯子，就用铁片日夜打磨，最后才有了锋利的工具。他得到一尺多长的香楠木，把它雕琢成一个文具，三个大匣子、七个小匣子、二把壁锁，用几片棕竹做成一把扇子，有十八根扇骨，用榫连接、用针线缝合、用锁键紧固，扇子坚固而细密，能工巧匠也做不出这么好的工艺品。沈梅冈先生的夫人请求我的曾祖父文恭公给沈先生写墓志铭，并带来沈先生在狱中的作品作为见面礼，我的祖父恭敬地接受下来。在匣上写道："十九年，陪伴苏武的是旄节；十八年，陪伴直言相谏的沈梅冈是这个匣子，旄节与匣子的主

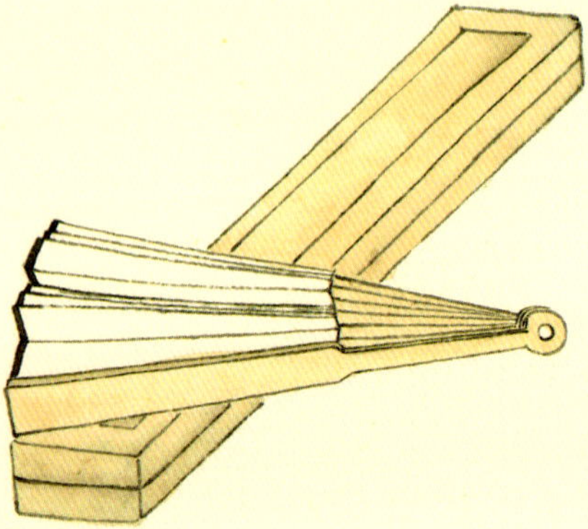

人，他们的气节如出一辙。”在他的扇子上写道：“塞外的毛毡，饥饿了可以填肚子，狱中的扇子，没有沾染上灰尘。前有苏武后有沈公，他们的事迹同载史册。”沈梅冈先生制作的匣子和扇子，我祖父作的铭文，徐文长先生的书法，张应尧先生的镌刻，当时的人称为四绝，我一直珍藏着。

后来又听说沈梅冈先生以米粥为泥土，在几年的时间里，做成模具浇筑了两架铜鼓，敲击铜鼓的声音在一里多外都可以听到，声色胜于暹罗的铜鼓。

岣嵝山房

·原文·

岣嵝山房，逼山、逼溪、逼韬光路，故无径不梁，无屋不阁。门外苍松傲睨，蓊以杂木，冷绿万顷，人面俱失。石桥低磴，可坐十人。寺僧刳竹引泉，桥下交交牙牙，皆为竹节。天启甲子，余键户其中者七阅月，耳饱溪声，目饱清樾。

山上下多西栗、边笋，甘芳无比。邻人以山房为市，蓏果、羽族日致之，而独无鱼。乃潴溪为壑，系巨鱼数十头。有客至，辄取鱼给鲜。日晡，必步冷泉亭、包园、飞来峰。

一日，缘溪走看佛像，口口骂杨髡。见一波斯坐

·译文·

岣嵝山房，靠山、靠溪水、还靠近韬光路，所以通往这里的每条路都要过桥，每间屋子都像阁楼。山房门外的古松傲然睥睨着这里，旁边种有其他树木，这些树木遮蔽烈日，人的面貌在树林中也都看不清了。石桥上低矮的台阶可以同时坐十个人，寺里的僧人劈开竹子从山上引来泉水，桥下交错串起的都是引泉水的竹节。天启甲子年（1624），我在寺中闭门静修了七个月，耳边是潺潺的溪水声，眼前是清盈优美的景色。

山上山下有许多西栗和边笋，味道甜美芳香。附近的人把山房这里作为集市，每天都有瓜果、家禽卖，却唯独没有鱼卖。于是我把溪水堵起来形成沟壑，养了数十条大鱼。每当有客人上门拜访，我就给他们取新鲜的鱼吃。每天下

龙象，蛮女四五献花果，皆裸形，勒石志之，乃真伽像也。余椎落其首，并碎诸蛮女，置溺溲处以报之。寺僧以余为椎佛也，咄咄作怪事，及知为杨髡，皆欢喜赞叹。

午申时，我都会走到冷泉亭、包园、飞来峰散步。

有一天，我沿着溪水边走边观赏佛像，口中还骂起杨髡。路上我看到一个波斯人骑着龙象的雕塑，旁边还有四五个裸身捧献花果的蛮女围绕，一旁的石头上有铭文记载，才知道这就是杨琏真迦（杨髡）的塑像。我把杨琏真迦塑像的头砸落在地，捣毁各个蛮女，把这些碎片一起扔到厕所便槽中来报复杨髡。寺里的僧人认为我毁坏了佛像，都很惊讶我做这等事情，等到看到毁坏的是杨琏真迦的塑像，就都对我的行为非常欢喜赞叹。

三世藏书

·原文·

余家三世积书三万余卷。大父诏余曰："诸孙中惟尔好书，尔要看者，随意携去。"余简太仆、文恭、大父丹铅所及有手泽者存焉，汇以请，大父喜，命舁去，约二千余卷。天启乙丑，大父去世，余适往武林，父叔及诸弟、门客、匠指、臧获、巢婢辈乱取之，三代遗书，一日尽失。余自垂髫聚书四十年，不下三万卷。乙酉避兵入剡，略携数簏随行，而所存者，为方兵所据，日裂以吹烟，并舁至江干，籍甲内挡箭弹，四十年所积，亦一日尽失。此吾家书运，亦复谁尤！余因叹古今藏书之富，无过隋、唐。隋嘉则殿分三品，有

·译文·

我家里三代人藏书有三万多卷，祖父常对我说："我的孙子中只有你最喜欢读书，你想看的书籍可以随意带走。"我于是挑选高祖、曾祖、祖父所校订过的及先辈遗留下来的书籍，汇集起来请求收藏，祖父非常高兴，让人给我抬走了这两千多卷书。天启五年

红琉璃、绀琉璃、漆轴之异。殿垂锦幔，绕刻飞仙。帝幸书室，践暗机，则飞仙收幔而上，橱扉自启；帝出，闭如初。隋之书计三十七万卷。唐迁内库书于东宫丽正殿，置修文、著作两院学士，得通籍出入。太府月给蜀都麻纸五千番，季给上谷墨三百三十六丸，岁给河间、景城、清河、博平四郡兔千五百皮为笔，以甲、乙、丙、丁为次。唐之书计二十万八千卷。我明中秘书不可胜计，即《永乐大典》一书，亦堆积数库焉。余书直九牛一毛耳，何足数哉！

（1625），祖父去世了，我前往杭州，祖父的藏书被叔叔们、各个兄弟、门客、工匠、奴婢们胡乱拿取，三代的藏书，就这样在一天之内遗失了。我从幼时开始收集书籍已四十年了，共收藏了不少于三万卷。弘光元年（1645）为躲避战乱到了剡溪。随身仅仅带了数箧书籍，没有带走的书籍被方国安的士兵占据，每天被撕毁作为引火之用，还有一些被抬到江边，放到衣甲里用来抵挡流矢飞箭，我四十年苦心积累起来的书籍，也一下就遗失了。这是我家里所藏之书的命运，还有谁比这更惨呢！我因此感叹古今藏家藏书之多，没有人能比得过隋朝和唐朝时期的藏书。隋朝值得赞许的地方，是将藏书殿分为三等，用红琉璃、绀琉璃、漆轴来区分。书殿中绣有飞仙环绕的帘幔从殿柱轻垂下来，

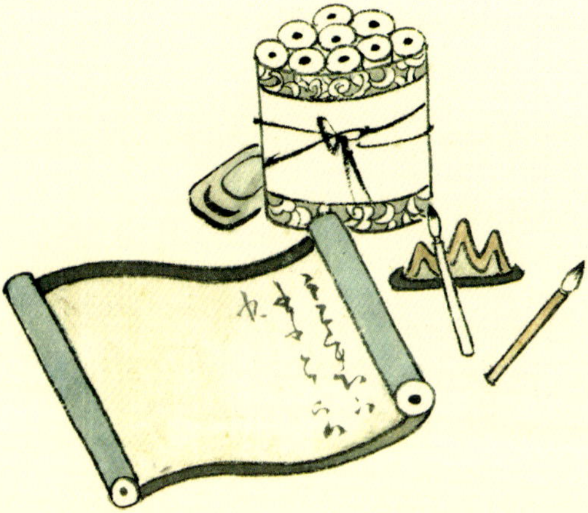

皇帝临幸藏书殿，只要踩动隐藏的机关，绣有飞仙的帘幔自动上升收起，书橱自动打开，当皇帝离开藏书殿，一切关闭恢复如初。隋朝的藏书总共有三十七万卷。唐朝时把内库里的书搬到东宫丽正殿，设立修文、著作两院学士职位，在通籍有名字的官员才能够进出这里。太府每月上供蜀都麻纸五千张，每季度上供上谷墨三百三十六丸，每年上供河间、景城、清河、博平四郡一千五百张兔皮做毛笔，按照甲、乙、丙、丁的顺序发放，唐朝的藏书总共有二十万八千卷。我大明朝的秘密藏书不计其数，单单《永乐大典》这部书，就摆满了好几个藏书库。这样看来我的藏书只是九牛一毛，何足挂齿啊！

卷叁

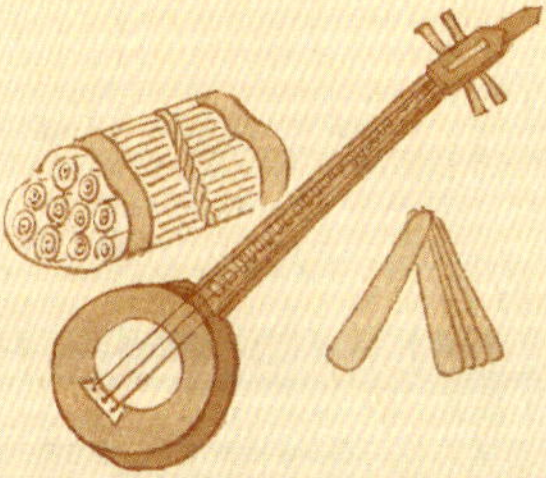

丝社

·原文·

越中琴客不满五六人，经年不事操缦，琴安得佳？余结丝社，月必三会之。有小檄曰："中郎音癖，《清溪弄》三载乃成；贺令神交，《广陵散》千年不绝。器由神以合道，人易学而难精。幸生岩壑之乡，共志丝桐之雅。清泉磐石，援琴歌《水仙》之操，便足怡情；涧响松风，三者皆自然之声，正须类聚。偕我同志，爰立琴盟，约有常期，宁虚芳日。杂丝和竹，用以鼓吹清音；动操鸣弦，自令众山皆响。非关匣里，不在

·译文·

越中弹琴的艺人不过五六人，长年不弹琴，琴艺怎么能进步呢？于是我成立了一个琴社，每个月必然召集社员聚会三次来练琴。为此，我作了一篇檄文："蔡邕是个音痴，他花了三年才写完《清溪弄》；贺思令得神人传授，他写的《广陵散》千古流传。弹琴之人必须由心神契合大道，所以弹琴虽然容易学会但很难精通。我们有幸生活在有山峦幽谷的地方，一起追求琴艺的风雅。在清泉磐石间，一起抚琴弹奏《水仙》，便足以怡情，山涧溪水潺潺，松涛阵阵，琴声悠扬，三者都是自然之声，正适合同道相聚。和这些志同道合的人在一起，大家就此结盟成立结琴社，经常约在

指头，东坡老方是解人；但识琴中，无劳弦上，元亮辈正堪佳侣。既调商角，翻信肉不如丝；谐畅风神，雅羡心生于手。从容秘玩，莫令解秽于花奴；抑按盘桓，敢谓倦生于古乐。共怜同调之友声，用振丝坛之盛举。”

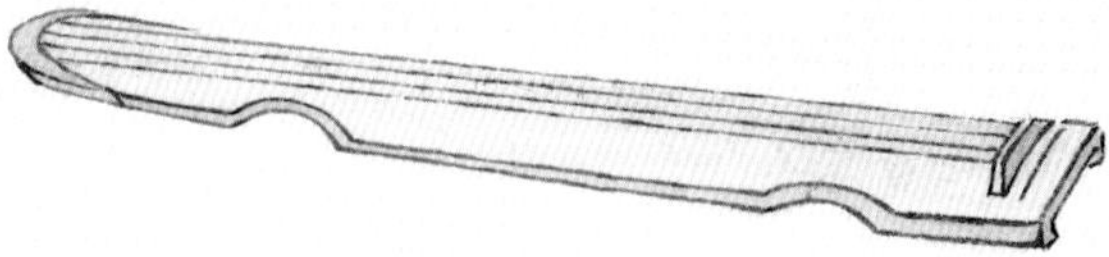

一起弹琴唱和，不然怎么虚度这样美好的时光？弦乐管乐交杂相和，奏出清脆悠扬的乐声；众人抚琴吹笛，乐曲响动山川。琴声的优美，不在琴匣的精美和指头的动作上，只有苏东坡是能解此中奥秘的人；要识得琴趣，不需要抚弄琴弦，陶渊明是最懂琴中妙趣的人。调好琴音之后，才知道用嘴巴唱，不如用手指弹；弹琴要源于手指而高于手指，要通过娴熟的指法来表达丰富的内心精神。从容把玩琴之玄妙，不能像唐玄宗那样厌弃琴音，而命令花奴击鼓为他消除心中烦闷。大家来来回回地抚按琴弦，又有谁会对古乐产生厌倦之心。我们要珍惜琴友共同弹奏的友谊之声，以此作为振兴琴坛盛大的活动。”

南镇祈梦

· 原文 ·

万历壬子，余年十六，祈梦于南镇梦神之前，因作疏曰：

“爰自混沌谱中，别开天地；华胥国里，早见春秋。梦两楹，梦赤舄，至人不无；梦蕉鹿，梦轩冕，痴人敢说。惟其无想无因，未尝梦乘车入鼠穴，捣齑啖铁杵；非其先知先觉，何以将得位梦棺器，得财梦秽矢。正在恍惚之交，俨若神明之赐？某也躨跜偃潴，轩翥樊笼，顾影自怜，将谁以告？为人所玩，吾何以堪。一鸣惊人，赤壁鹤耶？局促辕下，南柯

· 译文 ·

万历壬子年（1612），我当时正好十六岁，到南镇梦神那里求梦之前，写下了这篇祝文：

“于混沌之中，创造了新天地；在美梦之中，早就预示了人生。梦见两根柱子，梦见红色的鞋子，预示着人之将死，就算是圣人也不例外；梦见用蕉叶覆鹿，梦见轩车和冕服，预示着得到财富和官运，再愚笨的人也会到处宣扬。只有无欲无求的人，才不会梦到像坐车进入老鼠洞穴，捣碎并吃铁杵这样不合情理的事情；如果不是人有先知先觉，那为什么会在将要升官时梦到棺材，在将要发财时梦到粪便呢？人们正在恍惚之间梦见这些，难道是神明的恩赐？我就像困在浅滩中的蛟龙，想要挣脱束缚，谁能在我迷惘的时候给我指引呢？被人所掌控，我怎会甘心忍受？是做一鸣惊人的赤壁鹤？还是在车下受制，

蚁耶？得时则驾，渭水熊耶？半榻蘧除，漆园蝶耶？神其诏我，或寝或吪；我得先知，何从何去。择此一阳之始，以祈六梦之正。功名志急，欲搔首而问天；祈祷心坚，故举头以抢地。轩辕氏圆梦鼎湖，已知一字而有一验；李卫公上书西岳，可云三问而三不灵。肃此以闻，惟神垂鉴。”

像南柯太守的蚁穴？抑或是吉运天相的渭水熊？还是生不逢时的漆园之蝶？求求神明下诏给我吧，告诉我是好是坏；让我提前知道，我该何去何从。我挑选冬至这天好日子，前来祈求吉梦。因为我急于建功立业，只能求问于神明；我祈祷的心意无比坚定，可以用头来撞地以表诚心。黄帝在鼎湖乘龙飞天，知道只言片语也有灵验；李卫公上书西岳，换来的却是三问而三不灵，神明没有给他做指示。此时我毕恭毕敬地写下这篇祝文，希望神明知道我的心意，请神明垂鉴。”

·原文·

惠山泉不渡钱塘，西兴脚子挑水过江，喃喃作怪事。有缙绅先生造大父，饮茗大佳，问曰：“何地水？”大父曰：“惠泉水。”缙绅先生顾其价曰：“我家逼近卫前，而不知打水吃，切记之。”董日铸先生常曰：“浓、热、满三字尽茶理，陆羽《经》可烧也。”两先生之言，足见绍兴人之村、之朴。

余不能饮潟卤，又无力递惠山水。甲寅夏，过斑竹庵，取水啜之，磷磷有圭角，异之。走看其色，如秋月霜空，噀天为白；又如轻岚出岫，缭松迷石，淡淡欲散。余仓卒见井口有字划，用帚刷之，“禊泉”字出，书法大似右军，益异之。试茶，茶香发。

·译文·

惠山泉没有与钱塘江交汇，西兴的脚夫专门挑着泉水过江，这也算得上是一件怪事。有一位缙绅前来拜访我祖父，觉得我家的茶非常好喝，就问：“哪里的水泡的茶呢？”祖父答道：“用的是惠泉水。”这位缙绅转头就跟他的随从说：“我们家就在卫前附近，却不知道用那里的水，要好好记住回家就要喝那里的水啊。”董日铸先生常说：“茶理中浓、热、满这三个字是最重要的，做好了这三件事，陆羽的《茶经》都可以烧掉了。”通过这两位先生的话，足以看出绍兴人的淳朴。

我不能喝咸卤水，又没办法去取惠山泉水。万历四十二年（1614）夏天，我路过斑竹庵，在那里的井里取水喝，口感宛如圭玉一般冰凉透彻心扉，非常奇特。我靠近井边观察水的颜色，宛如秋月下的天空，雾气笼罩着一片花白；又像山洞里飘出的袅

禊泉

新汲少有石腥，宿三日气方尽。辨禊泉者无他法，取水入口，第桥舌舐腭，过颊即空，若无水可咽者，是为禊泉。好事者信之。汲日至，或取以酿酒，或开禊泉茶馆，或瓮而卖，及馈送有司。董方伯守越，饮其水，甘之，恐不给，封锁禊泉，禊泉名日益重。会稽陶溪、萧山北干、杭州虎跑，皆非其伍，惠山差堪伯仲。在蠡城，惠泉亦劳而微热，此方鲜磊，亦胜一筹矣。长年卤莽，水递不至其地，易他水，余笞之，詈同伴，谓发其私。及余辨是某地某井水，方信服。昔人水辨淄、渑，侈为异事。诸水到口，实实易辨，何待易牙？余友赵介臣亦不余信，同事久，别余去，曰："家下水实行口不得，须还我口去。"

袅青烟，缭绕于松树山石之间，淡淡的将要散去的样子。我仓促间看到井口有几个字，用扫帚刷清上面的尘土，只见"禊泉"两个大字，非常像王羲之的书法，更加觉得这里很奇特。我用泉水试着煮茶，茶香很快就散发出来。新打的泉水有少许石腥味，要放三个晚上，这股石腥味才能散去。禊泉水只有通过品尝才能辨别出，喝一口禊泉水，翘起舌头舔腭下，泉水能瞬间就吞咽下去，这就是禊泉水。好事的人相信禊泉水有奇效，每天都有赶来打泉水的人，有人取水酿酒，有人取水开茶馆，有人取水装到瓮里贩卖，有人取水馈赠长官。董方伯到越地当官时，非常喜欢喝禊泉水，害怕取水人多了后供不应求，就封锁禊泉，禊泉因此更加出名了。会稽陶溪、萧山北干、杭州虎跑的泉水，都比不上禊泉，惠山泉的水质和它差不多。在绍兴，取惠山泉

因为路远劳顿，水喝起来口感微热，而禊泉口感更加新鲜透明，所以禊泉更胜一筹。我家长工做事鲁莽，不亲自到禊泉取水，私下更换其他的水给我喝，我鞭挞了他一顿，他反而责骂起同伴来，认为是他同伴检举揭发才导致他被打。等到我跟他分辨出他送的水是某地某井的水后，他才信服。过去听说有人能分辨淄、渑的水，以为是夸大其词的怪事。这些泉水只要一进我的嘴，我就能轻易分辨出来，这与厨神易牙有什么区别？我的朋友赵介臣也不相信我能分辨泉水，他和我待久了，与我分别后，还常常抱怨："家里的茶水实在难喝，你得把我的嘴巴还给我。"

·原文·

日铸者，越王铸剑地也。茶味棱棱，有金石之气。欧阳永叔曰："两浙之茶，日铸第一。"王龟龄曰："龙山瑞草，日铸雪芽。"日铸名起此。京师茶客，有茶则至，意不在雪芽也。而雪芽利之，一如京茶式，不敢独异。

三峨叔知松萝焙法，取瑞草试之，香扑冽。余曰："瑞草固佳，汉武帝食露盘，无补多欲；日铸茶薮，'牛虽瘠，偾于豚上'也。"遂募歙人入日铸。扚法、掐法、挪法、撒法、扇法、炒法、焙法、藏法，一如松萝。他泉瀹之，香气不出，煮禊泉，投以小罐，则香太浓郁。杂入茉莉，

·译文·

日铸山是越王铸剑的地方，这里的茶味道寒凉，有金石之气。欧阳修曾说："两浙之茶，日铸第一。"王龟龄说过："龙山瑞草，日铸雪芽。"日铸由此闻名天下。春茶上市时，京城里的茶客就赶来贩茶，他们并不是前来欣赏雪芽茶，贩卖雪芽茶和京茶一样有利可图，茶叶的味道对他们而言并没有特别的吸引力。

三峨叔熟悉松萝茶的炒制方法，用瑞草来尝试制茶，制出的茶叶香气扑鼻。我说："瑞草虽然好，但像汉武帝吃甘露一样，吃多了也没有益处。日铸这里的茶多种多样，就像'牛虽瘦，也还能压倒猪'一样。"于是招募歙地的人到日铸，采用制作松萝茶的压法、掐法、挪法、撒法、扇法、炒法、焙法、藏法。用其他泉水煮茶，煮不出香气，

兰雪茶

再三较量，用敞口瓷瓯淡放之，候其冷；以旋滚汤冲泻之，色如竹箨方解，绿粉初匀；又如山窗初曙，透纸黎光。取清妃白，倾向素瓷，真如百茎素兰同雪涛并泻也。雪芽得其色矣，未得其气，余戏呼之“兰雪”。

四五年后，“兰雪茶”一哄如市焉。越之好事者不食松萝，止食兰雪。兰雪则食，以松萝而纂兰雪者亦食，盖松萝贬声价俯就兰雪，从俗也。乃近日徽歙间松萝亦名兰雪，向以松萝名者，封面系换，则又奇矣。

只有用禊泉的水在小罐里煮茶，才有浓郁的茶香。再掺杂一些茉莉花，经过多次尝试，用敞口瓷罐装好慢慢冷却，待完全冷却后，再用滚开的水冲一下，茶色就宛如竹笋刚去皮一般，鲜嫩通透；又仿佛山窗外初升的太阳，透过窗纸的微微光芒。取来清妃白瓷杯，将茶水倒入，这个过程真像百茎素兰和雪涛一同倾泻下来。这样制出的茶得到了雪芽茶的茶色，但没有它的香气，我戏称它“兰雪”。

四五年之后，兰雪茶只要一上市就被抢购一空。越地好事的人不再喝松萝茶，他们只喝兰雪茶了。那些喜欢喝兰雪茶的人，连和松萝茶混在一起的兰雪茶也买来喝，大概是因为松萝茶身价贬低了，只能依赖兰雪茶才能卖出，兰雪茶变得俗气了。现在徽州、歙州一带，也把松萝茶叫兰雪茶，过去以松萝茶名义卖出的茶叶，改换茶叶包装为兰雪茶进行销售，这又是一件怪事。

白洋潮

·原文·

故事，三江看潮，实无潮看。午后喧传曰：“今年暗涨潮。”岁岁如之。

戊寅八月，吊朱恒岳少师，至白洋，陈章侯、祁世培同席。海塘上呼看潮，余遄往，章侯、世培踵至。立塘上，见潮头一线，从海宁而来，直奔塘上。稍近，则隐隐露白，如驱千百群小鹅，擘翼惊飞。渐近喷沫，冰花蹴起，如百万雪狮蔽江而下，怒雷鞭之，万首镞镞，无敢后先。再近，则飓风逼之，势欲拍岸而上。看者辟易，走避塘下。潮到塘，尽力一礴，水击射，溅起数丈，著面皆湿。旋卷而右，龟山一挡，轰怒非常，炮碎龙湫，半空雪舞。看之惊眩，坐半日，颜始定。先辈言：浙江潮头自龛、赭两山漱激而起。白洋在两山外，潮头更大，何耶？

·译文·

按照习俗，我在三江观潮，但其实并没有潮水可以观赏。午后时分，有人大声喧哗："今年涨暗潮啊。"年年如此。

崇祯十一年（1638）八月，我前往祭拜朱恒岳少师，到了白洋这里来，与陈章侯、祁世培同行。海塘上有人大声呼喊着看潮，我马上跑过去，陈章侯、祁世培也紧跟着赶到了。我站在海塘上，只见远处潮头仿佛一条白线，从海宁方向奔来，直扑海塘。潮水走到跟前，则露出一片白色浪花，就像千百群小鹅被驱赶后，它们张开翅膀拍水惊飞后溅起的一朵朵水花。潮水又靠近了，潮头喷出水沫，冰花似的浪花一蹴而起，仿佛百万只雪狮一起过江，它们像被怒雷鞭打，雪狮般的潮头攒簇前行，没有一个不争先恐后。潮水再往前进，就像飓风一样逼过来，水势仿佛要拍打岸边而到塘上来。在那里观看的人都赶紧后退，跑到塘下躲避。潮水终于撞上了海塘，奋力一击，溅起好几丈高的水花，打湿了我的衣服和脸。潮水旋即卷起往右撞去，被白洋山一挡，发出震怒般的轰鸣声，水头像是被炮击碎了的雁荡山瀑布那样，水花在半空中飞舞。我看得心惊目眩，呆坐半天，脸色才恢复正常。祖先们曾说浙江潮头从龛山、赭山之间冲刷激荡而起，可是白洋在这两座山之外，潮头却更大，这是什么原因呢？

阳和泉

·原文·

禊泉出城中，水递者日至。臧获到庵借炊，索薪、索菜、索米，后索酒、索肉；无酒肉，辄挥老拳。僧苦之。无计脱此苦，乃罪泉，投之刍秽。不已，乃决沟水败泉，泉大坏。张子知之，至禊井，命长年浚之。及半，见竹管积其下，皆黧胀作气；竹尽，见刍秽，又作奇臭。张子淘洗数次，俟泉至，泉实不坏，又甘洌。张子去，僧又坏之。不旋踵，至再、至三，卒不能救，禊泉竟坏矣。是时，食之而知其坏者半，食之不知其坏而仍食之者半，食之知其坏而无泉可食、不得已而仍食之者半。

·译文·

禊泉出自城中，每天都有人前来挑水。那些挑水的人有时到庵里借炊，索要柴草、菜、米，更有甚者还会索要酒肉，没有要到酒肉，就会殴打僧人。僧人苦于压迫，没有办法摆脱这些无赖，就怪罪泉水，把干草投到水中污染泉水。接着还挖开沟渠破坏，泉水就彻底毁坏了。我知道这件事后，就来到禊井，命人长年疏通禊泉。等禊泉疏通了一半，发现有竹管埋在井下，竹管颜色发黑腐烂；把竹管挖去，就看到腐烂了的干草，奇臭无比。我淘洗禊井多次，才等到泉水涌出，泉水实际并没有被破坏，依然清凉甘甜。我走之后，僧人又破坏了禊泉。不久我又来修复，接连三次，最后禊泉被彻底毁坏了，不能修复。当时，喝禊泉水的人中，

壬申，有称阳和岭玉带泉者，张子试之，空灵不及禊而清冽过之。特以玉带名不雅驯。张子谓阳和岭实为余家祖墓，诞生我文恭，遗风余烈，与山水俱长。昔孤山泉出，东坡名之“六一”，今此泉名之“阳和”，至当不易。盖生岭、生泉，俱在生文恭之前，不待文恭而天固已阳和之矣，夫复何疑！

土人有好事者，恐玉带失其姓，遂勒石署之。且曰：“自张志‘禊泉’而‘禊泉’为张氏有，今琶山是其祖垄，擅之益易。立石署之，惧其夺也。”时有传其语者，阳和泉之名益著。铭曰：“有山如砺，有泉如砥；太史遗烈，落落磊磊。孤屿溢流，‘六一’擅之。千年巴蜀，实繁其齿；但言眉山，自属苏氏。”

知道泉水坏掉和不知道泉水坏掉的人各有一半，喝禊泉水并知道它已经坏掉的人中，没有其他泉水可以喝不得已只能喝它的人占了一半。

崇祯五年（1632），有人传言阳和岭玉带有泉水，我去看了，那里的泉水口感比不上禊泉水的空灵，但更清冽。只是用玉带命名不够文雅。我说阳和岭实际上有我家的祖墓，这里出过曾祖张元汴这样的人物，先祖遗留的风尚和功业与山水一样久远。过去孤山有泉水流出，苏东坡命名为“六一”，现在这泉命名为“阳和”，再恰当不过了。阳和岭、阳和泉，在曾祖张元汴出生之前就已存在，在曾祖出生之前老天爷就已赐予阳和之名，所以用阳和命名泉水还有什么顾虑的呢！当地好事的人，害怕玉带泉水失去他们的姓，立碑刻字进行署名。在上面写道：“自从

张家命名‘褉泉’，之后‘褉泉’就为张氏所有，现在张家祖坟又在琶山，他们想要把阳和泉据为己有就更加容易。特此立碑，害怕张家争夺泉水。”一时间流言四起，阳和泉反而更加出名了。我给阳和泉写了篇铭文：“有山如砺，有泉如砥；太史遗烈，落落磊磊。孤屿溢流，‘六一’擅之。千年巴蜀，实繁其齿；但言眉山，自属苏氏。”

·原文·

周墨农向余道闵汶水茶不置口。戊寅九月至留都，抵岸，即访闵汶水于桃叶渡。日晡，汶水他出，迟其归，乃婆娑一老。方叙话，遽起曰："杖忘某所。"又去。余曰："今日岂可空去？"迟之又久，汶水返，更定矣。睨余曰："客尚在耶？客在奚为者？"余曰："慕汶老久，今日不畅饮汶老茶，决不去。"

汶水喜，自起当炉。茶旋煮，速如风雨。导至一室，明窗净几，荆溪壶、成宣窑磁瓯十余种，皆精绝。灯下视茶色，与磁瓯无别，而香气逼人，余叫绝。余问汶水曰："此茶何产？"

·译文·

周墨农曾向我提起南京的闵汶水，他品茶不用喝便知优劣。崇祯十一年（1638）九月我到南京，船刚抵岸，我就赶往桃叶渡拜访闵汶水。下午到了他家，闵汶水正好外出了，等了很久才回来，我一看竟是一位头发蓬松散乱的老人。我正想和他搭话，他又急忙起身说："我的拐杖忘在某个地方了。"就又离家而去。我自言自语地说："今天怎么能白跑一趟呢？"就又等待，等了很久，闵汶水老人才回来，这时已经是初更了。闵汶水老人吃惊地说："客人怎么还在？客人在这里是为什么呢？"我答道："我仰慕您很久了，今天如果不能畅饮您老人家煮的茶，我是绝不会离去的。"

闵汶水老人非常高兴，亲自起炉煮茶。茶很快便煮好了，速度快如风雨。他把我带到一个窗明几净的房间，这

闵老子茶

汶水曰："阆苑茶也。"余再啜之，曰："莫绐余！是阆苑制法，而味不似。"汶水匿笑曰："客知是何产？"余再啜之，曰："何其似罗岕甚也？"汶水吐舌曰："奇，奇！"余问："水何水？"曰："惠泉。"余又曰："莫绐余！惠泉走千里，水劳而圭角不动，何也？"汶水曰："不复敢隐。其取惠水，必淘井，静夜候新泉至，旋汲之。山石磊磊藉瓮底，舟非风则勿行，故水之生磊，即寻常惠水，犹逊一头地，况他水耶。"又吐舌曰："奇，奇！"言未毕，汶水去。少顷，持一壶满斟余曰："客啜此。"余曰："香扑烈，味甚浑厚，此春茶耶？向瀹者的是秋采。"汶水大笑曰："予年七十，精赏鉴者，无客比。"遂定交。

里有荆溪壶、成宣窑等十多种瓷器，皆精美无比。在灯下观察老人所煮之茶的茶色，发现茶色与茶具的颜色浑然一体，香气逼人，我惊呼叫绝。便问道："您这茶是哪里产的？"

闵汶水老人答道："阆苑茶。"我再喝了一口茶，说："您不要骗我，这茶是阆苑茶的制法，但是味道却不像。"老人偷笑道："你说是哪里的茶？"我又抿了一口茶："怎么那么像是罗岕茶？"老人听后吐舌称奇。我又问："泡茶用的是什么水？"老人回答："惠泉水。"我又说："您不要骗我！惠泉离这里有一千多里，运到这里却没有变质，怎么说得过去？"老人说："看来你也蛮懂茶，实不相瞒，取惠泉水前，一定要先淘空井来，等待夜晚新泉涌出，就马上取水。在水瓮底部铺满山石，等待有风时再开船，让鲜活的泉水保持磊石中的气息。即便是平常取出的惠泉水也比

这样取的惠泉水逊色了一个等级，何况其他的水！”闵汶水老人再次吐舌赞叹：“奇人，奇人！”话还没有说完，老人就走出去。过了一会儿，他带来一壶茶水并给我斟满，对我说：“你再尝尝这个。”我品完说：“这碗茶香气浓烈，味道醇厚，是春茶吗？但刚才煮的茶却是秋天采的茶。”闵汶水老人大笑道：“我活了七十岁了，见过的品茶高手中，你是最厉害的。”这样我们俩成了莫逆之交。

龙喷池

·原文·

卧龙骧首于耶溪，大池百仞出其颔下。六十年内，陵谷迁徙，水道分裂。崇祯己卯，余请太守檄，捐金纠众，畚锸千人，毁屋三十余间，开土壤二十余亩，辟除瓦砾刍秽千有余艘，伏道蜿蜒，偃潴澄靛，克还旧观。昔之日不通线道者，今可肆行舟楫矣。喜而铭之，铭曰："蹴醒骊龙，如寐斯揭；不避逆鳞，扶其鲠噎。潴蓄澄泓，煦湿濡沫。夜静水寒，颔珠如月。风雷逼之，扬鬐鼓鬣。"

·译文·

卧龙山高悬在若耶溪之上，有一个很深很大的池子，从它的山头流出水来。六十年内，丘陵、山谷因地质变化而迁徙，水道也分裂开。崇祯十二年（1639），我请求太守发布檄文，募捐财物，召集上千民众挖土搬运，拆毁了三十多间房屋，开挖二十多亩土地，移除的瓦砾、干草装了一千多艘船，蜿蜒的道路才显现出来，泥潭也重新变得清澈起来，恢复了以前良好的景观。就连以前不通畅的水路，现在也都可以随意划船行舟。我为做成了这件事而非常高兴，作了一篇铭文，上面写道："蹴醒骊龙，如寐斯揭；不避逆鳞，扶其鲠噎。潴蓄澄泓，煦湿濡沫。夜静水寒，颔珠如月。风雷逼之，扬鬐鼓鬣。"

朱文懿家桂

·原文·

桂以香山名，然覆墓木耳，北邙萧然，不堪久立。单醪河钱氏二桂，老而秃；独朱文懿公宅后一桂，干大如斗，枝叶溟蒙，樾荫亩许，下可坐客三四十席。不亭、不屋、不台、不栏、不砌，弃之篱落间。花时不许人入看，而主人亦禁足勿之往，听其自开自谢已耳。樗栎以不材终其天年，其得力全在弃也。百岁老人多出蓬户，子孙第厌其癃瘇耳，何足称瑞？

·译文·

香山的桂花远近闻名，但在墓地旁边的桂树却有些萧条，不能存活很久。单醪河钱家有两棵桂树，又老又秃。唯独朱文懿家宅院后面那棵桂树，树干有斗那么粗，枝繁叶茂，遮蔽的树荫有一亩多，下面可以坐三四十人。这棵桂树附近没有亭子、房屋、台阶、栏杆和围墙，长在篱笆间。它开花的时候，不允许任何人进去观赏，而且主人也不去那里，任它花开花谢。樗栎因为是无用之材所以能够存活很久，这种长寿全是因为没人去砍伐。百岁老人大多生活在穷苦人家，但他们的子孙厌烦他们手脚不灵活，不能干活，这样哪里可以说得上是“百岁人瑞”呢？

逍遥楼

·原文·

滇茶故不易得，亦未有老其材八十余年者。朱文懿公逍遥楼滇茶，为陈海樵先生手植，扶疏蓊翳，老而愈茂。诸文孙恐其力不胜葩，岁删其萼盈斛，然所遗落枝头，犹自燔山熠谷焉。

文懿公，张无垢后身。无垢降乩与文懿，谈宿世因甚悉，约公某日面晤于逍遥楼。公伫立久之，有老人至，剧谈良久，公殊不为意。但与公言："柯亭绿竹庵梁上，有残经一卷，可了之。"

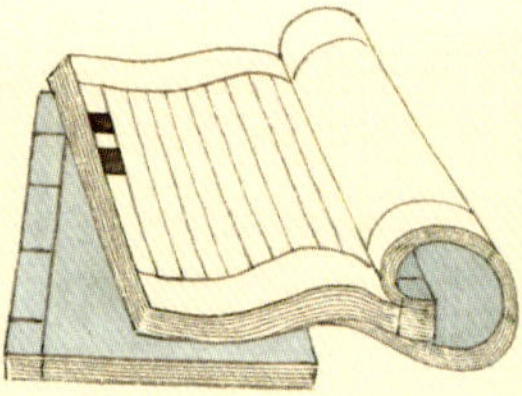

·译文·

滇茶本就来之不易，也就没有超过八十年树龄的老树茶。朱文懿家逍遥楼的滇茶树，是陈海樵先生亲手种植的，枝繁叶茂，郁郁葱葱，树越老越茂盛。朱文懿的子孙担心花朵压坏树枝，每年都会剪掉大部分花朵，堆得满斛都是，然而树上剩下的花萼，依然开出鲜艳夺目的山茶花。

朱文懿是张九成的转世。张九成降下占卜文书给朱文懿，对宿世因缘非常了解，并约朱文懿某天在逍遥楼会面。朱文懿那天在逍遥楼站着等了很久，才看到一个老人到来，两人谈了很久，朱文懿都没有意识到老人的身份。张九成只好对朱文懿说："柯亭绿竹庵房梁上，有一卷残经，看了你就会明白。"不久老人离去，朱文懿才意识到老人就是张九成。第二天，朱文懿到绿竹庵，检视房梁，发现一部《维摩经》，缮写非常精美，后两卷没有写完，就是张九成的笔迹。朱文懿取回后继续缮写，

寻别去，公始悟老人为无垢。次日，走绿竹庵，简梁上，有《维摩经》一部，缮写精良，后二卷未竟，盖无垢笔也。公取而续书之，如出一手。

先君言，乩仙供余家寿芝楼，悬笔挂壁间，有事辄自动，扶下书之，有奇验。娠祈子，病祈药，赐丹，诏取某处，立应。先君祈嗣，诏取丹于某簏临川笔内，簏失钥闭久，先君简视之，横自出觚管中，有金丹一粒，先宜人吞之，即娠余。朱文懿公有姬媵，陈夫人狮子吼，公苦之。祷于仙，求化妒丹。乩书曰："难！难！丹在公枕内。"取以进夫人，夫人服之，语人曰："老头子有仙丹，不饷诸婢，而余是饷，尚昵余。"与公相好如初。

写完就仿佛同一人所书。

我父亲曾经说过扶乩的仙人像在我们家寿芝楼供奉着，把笔悬挂在墙上，一旦有事就会自己动作，取笔写字占卜，也非常灵验。怀孕祈求生子，生病祈求药方，都会有提示要你去某个地方取神仙恩赐的丹药，非常灵验。我父亲祈求儿子，被提示丹药在某个书箱的临川笔中，而这个书箱的钥匙早已遗失，锁闭了很久，父亲翻看时，钥匙自己从木简笔管中出来了，打开书箱后，从临川笔的笔管中取出一粒金丹，我母亲吞入肚中，就怀上了我。朱文懿有姬妾，妻子陈夫人非常嫉妒，朱文懿对此很苦恼。于是向仙人祈祷，祈求化去妒忌的丹药。在乩书上写道："难，难！丹药在你的枕头里。"朱文懿取得丹药献给夫人，夫人吃下丹药，逢人便说："我家老头子有仙丹，不给那些小妾，而独给我吃，看来还是对我感情深啊！"这样陈夫人和朱文懿就和好如初了。

·原文·

天镜园浴凫堂，高槐深竹，樾暗千层，坐对兰荡，一泓漾之，水木明瑟，鱼鸟藻荇，类若乘空。余读书其中，扑面临头，受用一绿，幽窗开卷，字俱碧鲜。每岁春老，破塘笋必道此。轻舠飞出，牙人择顶大笋一株掷水面，呼园中人曰："捞笋！"鼓枻飞去。园丁划小舟拾之，形如象牙，白如雪，嫩如花藕，甜如蔗霜。煮食之，无可名言，但有惭愧。

·译文·

天镜园中有浴凫堂，园中槐树高大，竹林茂盛，在蓊蓊郁郁的树荫掩映下，浴凫堂就在兰荡湖对面。兰荡湖碧波荡漾，树木鲜绿，湖水澄净，可以清晰地看到水中的游鱼、天上飞鸟的倒影、水底藻荇交错，这一切都仿佛在空中飞翔一样。我在浴凫堂中读书，放眼望去全都是绿色，在窗前打开书卷，书上所有的文字都仿佛是碧绿色一般。每到春末，挖取运送破塘笋的船就会路过这里。轻舟似箭一般，商贩就马上选出最大一株笋抛到水面上，呼喊园中的人说："快来捞笋啊！"然后划桨飞快地离开。园丁划着小船捡回大笋，那笋形状宛如象牙，白如雪，嫩如花藕，甜如蔗糖。煮食后，我觉得妙不可言，想到自己吃了如此美味的食物，而别人不一定吃得到，觉得很惭愧。

天镜园

包涵所

·原文·

西湖三船有楼，实包副使涵所创为之。大小三号：头号置歌筵，储歌童；次载书画；再次偫美人。涵老声妓非侍妾比，仿石季伦、宋子京家法，都令见客。靓妆走马，媻姗勃窣，穿柳过之，以为笑乐。明槛绮疏，曼讴其下，擫籥弹筝，声如莺试。客至，则歌童演剧，队舞鼓吹，无不绝伦。乘兴一出，住必浃旬，观者相逐，问其所止。

南园在雷峰塔下，北园在飞来峰下。两地皆石薮，积牒磊砢，无非奇峭。但亦借作溪涧桥梁，不于山上叠

·译文·

西湖上的游船有楼阁，实际上是副使包涵所的创意。大小有三层楼：一层楼安排歌舞筵席，藏有歌童；中间一层展览书画；最上面一层藏美人。包涵所养的是艺伎不是侍妾，效仿石季伦（石崇）、宋子京（宋祁）家的方法，让艺伎会见客人。她们经常打扮靓丽骑马出游，走路时体态妖娆，在杨柳树下不停地穿梭进行玩乐。艺伎们在绚丽的栏杆和花窗下轻歌曼舞，歌声婉转仿佛黄莺初啼。客人来了，歌童先表演戏剧，翩跹的舞蹈和鼓乐之声，无不精彩绝伦。包涵所乘兴出来游玩，一般会在船上住十天，看热闹的人追逐着他，到处打听船停靠的地方。

雷峰塔下是南园，飞来峰下是北园。这两个地方都是石头山，山上石头层叠交错，无不奇特陡峭。人们还

山，大有文理。大厅以拱斗抬梁，偷其中间四柱，队舞狮子甚畅。北园作八卦房，园亭如规，分作八格，形如扇面。当其狭处，横亘一床，帐前后开合，下里帐则床向外，下外帐则床向内。涵老据其中，扃上开明窗，焚香倚枕，则八床面面皆出。穷奢极欲，老于西湖者二十年，金谷、郿坞，着一毫寒俭不得，索性繁华到底，亦杭州人所谓“左右是左右”也。西湖大家，何所不有，西子有时亦贮金屋。咄咄书空，则穷措大耳。

是借地势布置溪涧桥梁，而没有在山上再去叠石，设计颇具匠心。大厅用拱斗撑起房梁，省去房中间的四根柱子，在里面列队舞狮也都非常宽阔。北园做成八卦房，即园亭是圆形的，分为八间房，形状宛如扇面。房间里狭窄的地方，横着摆了一张床，帐幔能前后开合，放下里面的帐幔，床就向外；放下外面的帐幔，床就向内。包涵所坐在中间，门上开有明窗，点燃香，靠着枕头，八张床都可以看到。包涵所过得穷奢极欲，住在西湖边二十年。正如历史上出名的石崇的金谷园、董卓的郿坞，看不出一丝寒酸，索性繁华到底，也就是杭州人说的“左右是左右”（意思是反正是这样）的意思。西湖这些有钱人还有什么没有的呢？西湖有时也是金屋藏娇的地方。可怜啊！我们这些贫穷的读书人。

斗鸡社

·原文·

天启壬戌间好斗鸡，设斗鸡社于龙山下，仿王勃《斗鸡檄》，檄同社。仲叔秦一生日携古董、书画、文锦、川扇等物与余博，余鸡屡胜之。仲叔忿懑，金其距，介其羽，凡足以助其腷膊觜味者，无遗策。又不胜。人有言徐州武阳侯樊哙子孙，斗鸡雄天下，长颈乌喙，能于高桌上啄粟。仲叔心动，密遣使访之，又不得，益忿懑。一日，余阅稗史，有言唐玄宗以酉年酉月生，好斗鸡而亡其国。余亦酉年酉月生，遂止。

·译文·

天启二年（1622）民间流行斗鸡，我就在龙山下成立了斗鸡社，仿效唐代王勃作了一篇《斗鸡檄》，邀请同样喜好斗鸡的人加入。仲叔秦一生每天都携带他的古董、书画、文锦、川扇等物品跟我赌博，我的鸡屡次赢了他的鸡。仲叔非常生气，就给他的鸡在脚和羽毛上装了金属护具，凡是能帮助斗鸡增强搏斗的方法，他都用了，可是还是赢不了我。有传言说徐州武阳侯樊哙的子孙养的斗鸡，雄冠天下，长颈黑嘴，还可以飞到高桌上吃米。仲叔听后非常心动，秘密派人前去寻访，想要购买过来，但却买不到，为此愈加愤懑。有一天，我看到野史上说唐玄宗在酉年酉月出生，因为喜欢斗鸡而导致亡国。我也是酉年酉月出生，于是就不再斗鸡了。

栖霞

·原文·

戊寅冬，余携竹兜一，苍头一，游栖霞，三宿之。山上下左右鳞次而栉比之，岩石颇佳，尽刻佛像，与杭州飞来峰同受黥劓，是大可恨事。山顶怪石巉岏，灌木苍郁，有颠僧住之。与余谈，荒诞有奇理，惜不得穷诘之。日晡，上摄山顶观霞，非复霞理，余坐石上痴对。复走庵后，看长江帆影，老鹳河、黄天荡，条条出麓下，悄然有山河辽廓之感。一客盘礴余前，熟视余，余晋与揖，问之，为萧伯玉先生，因坐与剧谈，庵僧设茶供。伯玉问及补陀，余适以是年朝海归，谈之甚悉。《补陀志》方成，在箧底，出示伯玉，伯玉大喜，为余作叙。取火下山，拉与同寓宿，夜长，无不谈之，伯玉强余再留一宿。

·译文·

崇祯十一年（1638）冬季，我携带一个竹兜、一个老仆人，游览栖霞山，在那住了三个晚上。栖霞山上下、左右两旁的岩石鳞次栉比，非常好看，只是很多地方都被雕刻成了佛像，和杭州飞来峰一样受到毁坏，实在令人惋惜。山顶上怪石险峻、灌木苍郁，有一个疯和尚住在那里。他和我说过话，言语颇为荒诞但还是有一番奇妙的道理，可惜不能和他一直争辩下去。在下午时分，我上山顶观赏天上的云霞，但并没有去推理云霞的规律，只是坐在石头上对着晚霞发呆。之后我又来到寺庙后面，远眺长江上的帆影，老鹳河、黄天荡浩浩荡荡地从栖霞山下流过，心中悄然感怀起山河之辽阔。一位游客盘腿坐在我面前，非常认真地看着我，我于是上前作揖问好，询问后才知道是萧伯玉先生。我于是坐下来和他

畅谈，寺庙里的僧人为我们提供茶水。萧伯玉先生向我了解普陀山的情况，我刚好当年去普陀山回来，对普陀山的情况比较熟悉。我刚写完《补陀志》，放在书箱底，便拿出来给萧伯玉先生看。萧伯玉先生非常高兴，为我的书作序。夜里打着火把下山，萧伯玉先生邀请我和他同住，长夜漫漫，我们无所不谈，萧伯玉先生又强留我在他家多住了一晚。

原文

崇祯五年十二月，余住西湖。大雪三日，湖中人鸟声俱绝。是日更定矣，余拏一小舟，拥毳衣炉火，独往湖心亭看雪。雾凇沆砀，天与云、与山、与水，上下一白。湖上影子，惟长堤一痕，湖心亭一点，与余舟一芥，舟中人两三粒而已。

到亭上，有两人铺毡对坐，一童子烧酒，炉正沸。见余大惊喜，曰："湖中焉得更有此人！"拉余同饮。余强饮三大白而别。问其姓氏，是金陵人，客此。及下船，舟子喃喃曰："莫说相公痴，更有痴似相公者。"

译文

崇祯五年（1632）十二月，我在西湖附近居住。大雪连下三天，西湖中没有行人、飞鸟的踪迹。这一天晚上初更时分，我乘着一叶扁舟，穿着毛皮大衣，带着火炉，独自到湖心亭去观雪景。湖面上雾凇弥漫，远远望去，天空和云层、山峦、湖水都是白茫茫一片。湖面上只有长堤的影子在湖面上投下一道隐约的痕迹，湖心亭只有一点轮廓，和我的一条小舟以及舟中两三个人影。

到了湖心亭，那有两个人在铺好的毡上相对而坐，旁边站着一个童子在热酒，炉火正旺，酒刚好煮沸。他们看到我非常惊喜，说："在湖中怎么还能碰到像您这样的人！"便拉着我一起喝酒。我勉强喝完三大杯酒后才跟他们告别。问到他们的姓名，原来是金陵那边的人，客居在杭州。等回到岸边下船，船夫喃喃自语道："不要说相公您是个痴迷雪景的人，居然还有和您一样的人咧！"

湖心亭看雪

陈章侯

·原文·

崇祯己卯八月十三，侍南华老人饮湖舫，先月早归。章侯怅怅向余曰：“如此好月，拥被卧耶？”余敕苍头携家酿斗许，呼一小划船再到断桥，章侯独饮，不觉沾醉。过玉莲亭，丁叔潜呼舟北岸，出塘栖蜜橘相饷，畅啖之。章侯方卧船上嚎嚣，岸上有女郎，命童子致意云：“相公船肯载我女郎至一桥否？”余许之。女郎欣然下，轻纨淡弱，婉瘱可人。章侯被酒挑之曰：“女郎侠如张一妹，能同虬髯客饮否？”女郎欣然就饮。移舟至一桥，漏二下矣，竟倾家酿而去。问其住处，笑而不答。章侯欲蹑之，见其过岳王坟，不能追也。

·译文·

崇祯十二年（1639）八月十三日，我陪叔祖南华老人在湖舫喝酒，在月亮出来之前就结束酒宴回家了。同行的陈章侯惆怅地对我说：“这么好的月色，怎么舍得回家就躺到床上抱着被子睡觉呢？”我便吩咐仆人回家带来一斗多自家酿的好酒，雇佣一只小船划回断桥，陈章侯一人独饮，不知不觉就醉醺醺了。小船经过玉莲亭时，碰到丁叔潜，他招呼我们停靠北岸，拿出塘栖蜜橘招待我们，我吃得很开心。陈章侯刚躺在船上嚎叫的时候，岸上有一位女郎，她派童子传话：“相公的船能不能搭载我家主人到一桥去？”我同意了。妙龄女郎坐上船来，温婉妩媚，风姿绰约。陈章侯借着醉意和她搭讪：“女郎一身侠气，很像

张一妹，可以和我这个虬髯客喝一杯酒吗？”那女郎欣然接受了他的邀请，喝了一杯酒。船划到一桥时，已经二更了，家里带来的酒竟然喝完了。我们问那个女郎住在何处，她笑而不答。陈章侯想要跟踪她，见她路过岳王坟，就不敢再追了。

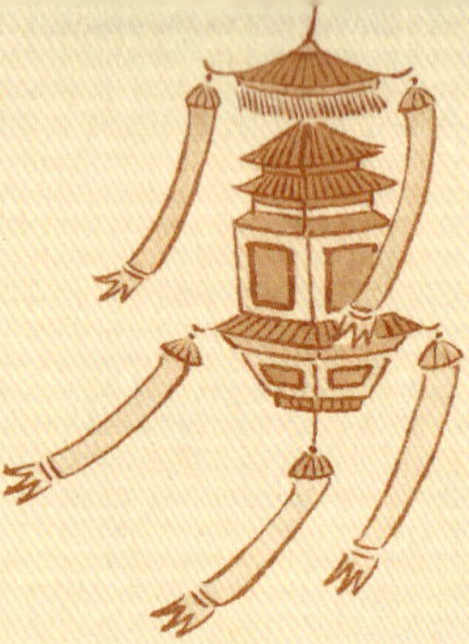

卷肆

不系园

·原文·

甲戌十月，携楚生住不系园看红叶。至定香桥，客不期而至者八人：南京曾波臣、东阳赵纯卿、金坛彭天锡、诸暨陈章侯、杭州杨与民、陆九、罗三，女伶陈素芝。余留饮。章侯携缣素为纯卿画古佛，波臣为纯卿写照，杨与民弹三弦子，罗三唱曲，陆九吹箫。与民复出寸许界尺，据小梧，用北调说《金瓶梅》一剧，使人绝倒。

是夜，彭天锡与罗三、与民串本腔戏，妙绝；与楚生、素芝串调腔戏，又复妙绝。章侯唱村落小歌，余取琴和之，牙牙如语。纯卿笑曰："恨弟无一长以侑兄辈酒。"余曰："唐裴将军旻居丧，请吴道子画天宫壁度亡母。道子曰：'将

·译文·

崇祯七年（1634）十月，我同朱楚生一起住在不系园里观赏红叶。到定香桥，刚好碰到八位客人：南京曾波臣、东阳赵纯卿、金坛彭天锡、诸暨陈章侯、杭州杨与民、陆九、罗三和女伶陈素芝。我招待他们一同饮酒。陈章侯携带了丝绢给赵纯卿画古佛像，曾波臣为赵纯卿画肖像，杨与民弹三弦子，罗三唱曲，陆九吹箫。杨与民还拿出一寸宽的界尺，倚着木架，用北调说唱《金瓶梅》里的一段剧目，唱得让人为之绝倒。

这一晚，彭天锡与罗三、杨与民演唱本腔戏，非常绝妙；又和朱楚生、陈素芝表演调腔戏，也很绝妙。陈章侯唱起村落小曲，我弹琴为他伴奏，仿佛在咿咿呀呀地说话。赵纯卿笑道："可恨我没有一技之长给你们助酒。"我说："唐朝将军裴旻服丧的时候，请吴道子画天宫壁超度亡母。吴道子说：'请将军为我舞一回剑，

军为我舞剑一回，庶因猛厉，以通幽冥。’旻脱缞衣，缠结，上马驰骤，挥剑入云，高十数丈，若电光下射，执鞘承之，剑透室而入，观者惊栗。道子奋袂如风，画壁立就。章侯为纯卿画佛，而纯卿舞剑，正今日事也。”纯卿跳身起，取其竹节鞭，重三十斤，作胡旋舞数缠，大噱而去。

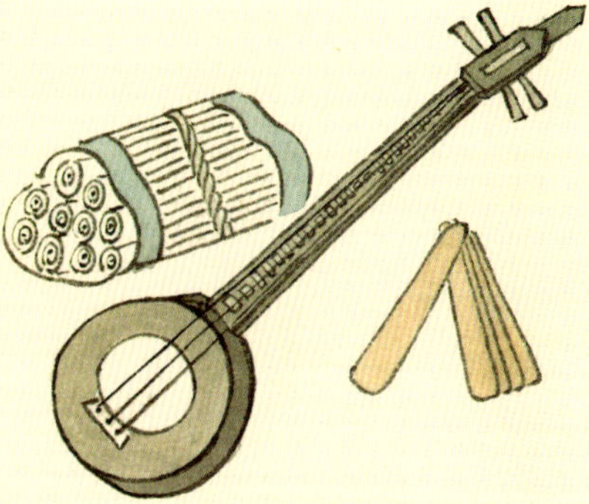

希望借着剑势的猛厉，来通达幽冥。’斐旻脱下孝衣缠在身上，提剑上马飞快奔驰，挥剑插入云霄，高达十几丈，剑落下之势仿佛闪电往地上照射，将军拿鞘接剑，剑至剑鞘而入，看到的人无不惊悚。吴道子运笔如风，天宫壁马上就画好了。陈章侯为赵纯卿画佛像，而赵纯卿舞剑，正是今天的情景。”赵纯卿跳身起，取来竹节鞭，重有三十斤，跳了几圈胡旋舞，大笑着离开了。

秦淮河房

·原文·

秦淮河河房，便寓、便交际、便淫冶，房值甚贵，而寓之者无虚日。画船箫鼓，去去来来，周折其间。河房之外，家有露台，朱栏绮疏，竹帘纱幔。夏月浴罢，露台杂坐。两岸水楼中，茉莉风起动儿女香甚。女客团扇轻纨，缓鬓倾髻，软媚着人。

年年端午，京城士女填溢，竞看灯船。好事者集小篷船百什艇，篷上挂羊角灯如联珠，船首尾相衔，有连至十余艇者。船如烛龙火蜃，屈曲连蜷，蟠委旋折，水火激射。舟中镦钹星铙，宴歌弦管，腾腾如沸。士女凭栏轰笑，声光凌乱，耳目不能自主。午夜，曲倦灯残，星星自散。钟伯敬有《秦淮河灯船赋》，备极形致。

·译文·

秦淮河旁的河房，便于居住、交际、娱乐，虽然房价很高，但是也没有空着的。画船上的箫鼓连绵不绝，在河上周折往来。河房外面，每家有露台，上面布置红色的栏杆和雕花窗户，四周有竹帘纱幔。夏天晚上沐浴之后，在露台上闲坐。两岸水楼中，风中弥漫着茉莉花香，让女子更加妩媚动人。女子手摇团扇，身穿轻绔，发髻倾斜，软丽妩媚，非常迷人。

每年端午节时，京城大户人家的仕女纷纷出门，河边站满了人，争着观看灯船。有好事者招募一百多条小篷船，篷上悬挂的羊角灯宛如联珠一般，船首尾相连，有的连起十多条船。连起的船在河中就像烛龙火蜃，屈曲地连在一起，盘旋曲折，水光与灯光交相辉映，非常耀眼。船上钹铙齐奏，管弦声，歌唱声，热闹沸腾。仕女倚着栏杆放声大笑，一片声光凌乱，使得人的耳目应接不暇。午夜时分，曲声微弱，灯光渐熄，人们就像星星一样各自散去。钟伯敬写过一篇《秦淮河灯船赋》，对这个场景描写得非常详细。

兖州阅武

·原文·

辛未三月，余至兖州，见直指阅武，马骑三千，步兵七千，军容甚壮。马蹄卒步，滔滔旷旷，眼与俱驶，猛掣始回。

其阵法奇在变换，旝动而鼓，左抽右旋，疾若风雨。阵既成列，则进图直指前，立一牌曰“某阵变某阵”，连变十余阵，奇不在整齐而在便捷。扮敌人百余骑，数里外烟尘坌起。迾卒五骑，小如黑子，顷刻驰至，入辕门报警。建大将旗鼓，出奇设伏。敌骑突至，一鼓成擒，俘献中军。内以姣童扮女三四十骑，荷旃被毳，绣袪魋结，马上走解，颠倒横竖，借骑翻腾，柔如无骨。乐奏

·译文·

崇祯四年（1631）三月，我到兖州，碰到直指使阅兵，有三千骑兵，七千步兵，军容非常威武。马蹄声和步兵行走时，声势浩大，观看阅兵的人眼睛追随着队伍前行，队伍停下来才回过神来。其阵法奇特之处在于变换，令旗摇动，鼓声响起，队形左右抽旋，快若疾风骤雨。布阵完成后，就有人进呈一幅军阵图给直指使，竖立一块牌子，上面写着“某阵变某阵”。接连变换了十多个阵形，奇妙之处不在于整齐，而在于变换方便迅速。扮演敌人的一百多骑兵，从数里外奔来，马踏尘土飞扬。五个侦察骑兵，远看小如黑点，顷刻间就奔驰到辕门报警。这边马上竖起大将的旗帜，敲鼓变阵，设置伏兵。敌骑一到，我军在第一次击鼓进军时，就将他们全部擒获，俘虏被押解到中军大帐。在内营里有男扮女装的漂亮少年三四十人，骑马穿裘衣，袖口花纹刺绣，头发绾起，

马上，三弦、胡拨、琥珀词、四上儿、密失、叉儿机、傑俫兜离，罔不毕集。在直指筵前供唱，北调淫俚，曲尽其妙。是年，参将罗某，北人，所扮者皆其歌童外宅，故极姣丽，恐易人为之，未必能尔也。

在马背上进行表演，颠倒横竖，借着马翻腾跳跃，身体柔软得像没有骨头一样。同时，还在马背上奏响音乐，三弦、胡拨、琥珀词、四上儿、密失、叉儿机等多种少数民族乐器，无不呈现出来。在直指使筵席前唱曲，少数民族的曲调加上民间的歌词，搭配得十分巧妙。这一年，参将罗某是北方人，这些表演的人都是他养在外宅的歌童，这些歌童非常美丽，恐怕换了其他人，就不一定能有如此精彩的表演了。

牛首山打猎

·原文·

戊寅冬，余在留都，同族人隆平侯与其弟勋卫，甥赵忻城，贵州杨爱生，扬州顾不盈，余友吕吉士、姚简叔，姬侍王月生、顾眉、董白、李十、杨能，取戎衣衣客，并衣姬侍。

姬侍服大红锦狐嵌箭衣、昭君套，乘款段马。鞲青骹，绁韩卢，统箭手百余人，旗帜棍棒称是，出南门，校猎于牛首山前后，极驰骤纵送之乐。得鹿一、麂三、兔四、雉三、猫狸七。看剧于献

·译文·

崇祯十一年（1638），我在南京，和族人隆平侯、他的弟弟勋卫，外甥赵忻城，贵州人杨爱生，扬州人顾不盈，我的朋友吕吉士、姚简叔，他们的姬侍王月生、顾眉、董白、李十、杨能一起，穿上戎衣，并给他们的姬侍配备打猎的衣服。

姬侍身穿大红锦狐背箭衣，外着昭君套，骑着款段马缓缓而行，带着猎鹰，牵着猎犬，随行还有一百多名箭手，拿着棍棒，举着旌旗，从南门出发到牛首山附近打猎，尽得驰骋之乐。共猎得一只鹿、三只麂、四只兔、三只野鸡、七只狸猫。我们还到献花岩去看戏，晚上在祖堂山露营。第二天午后打猎回来，拿出猎得的鹿、麂犒劳大家，又在隆平侯家纵情畅饮。江南人不知道打猎是怎

花岩，宿于祖茔。次日午后猎归，出鹿麂以飨士，复纵饮于隆平家。江南不晓猎较为何事，余见之图画戏剧，今身亲为之，果称雄快。然自须勋戚豪右为之，寒酸不办也。

么回事，我只在图画书和戏剧里看到过这样的场景，今天亲身经历后，果然是非常雄壮畅快。然而只有皇亲贵族才能进行这样的铺张享受，一般的穷苦百姓是不会去这样做的。

杨神庙台阁

·原文·

枫桥杨神庙，九月迎台阁。十年前迎台阁，台阁而已；自骆氏兄弟主之，一以思致文理为之。扮马上故事二三十骑，扮传奇一本，年年换，三日亦三换之。其人与传奇中人必酷肖方用，全在未扮时一指点为某似某，非人人绝倒者不之用。迎后，如扮胡琏者，直呼为胡琏，遂无不胡琏之，而此人反失其姓。人定，然后议扮法。必裂缯为之。果其人其袍铠须某色、某缎、某花样，虽匹锦数十金不惜也。一冠一履，主人全副精神在焉。诸友中有能生造刻画者，一月前礼聘

·译文·

枫桥有座杨神庙，九月这里要搞迎台阁活动。十年前的迎台阁，仅仅是表演台阁戏而已，自从骆氏兄弟主持仪式后，就开始花心思举办各式各样的文化活动。表演马上故事的有二三十个骑手，表演传奇剧目的演员要演唱整整一本戏，而且年年更换剧目，三天内的表演也会每天一换。演员与剧目里的人物长得相似才会让他扮演，而且还要在没有扮演前，让大家一指点就明白这个演员像剧目里的某个人物才行，不是人人为之倾倒的演员，也不聘用。迎接到台阁后，如果演员扮演胡琏，则大家直接叫这个演员为胡琏，都不再喊他原来的名字，而这个演员的真实姓名反而被忘记了。选好演员，再考虑扮相，挑选表演服装，常常会花重金选购。如果剧中人物的袍子和铠甲必须是某种颜色、某种缎子、某种花样，即使一匹锦要花数十金也在所不惜。一顶帽子、一双鞋子，都是人物全部精神面貌的体现。我朋友中有一个精通造型

至，匠意为之，唯其使。装束备，先期扮演，非百口叫绝又不用。故一人一骑，其中思致文理，如玩古董名画，一勾一勒不得放过焉。土人有小小灾祲，辄以小白旗一面到庙禳之，所积盈库。

是日以一竿穿旗三四，一人持竿三四走神前，长可七八里，如几百万白蝴蝶回翔盘礴在山坳树隙。四方来观者数十万人。市枫桥下，亦摊亦篷。台阁上马上，有金珠宝石堕地，拾者如有物凭焉不能去，必送还神前；其在树丛田坎间者，问神，辄示其处，不或爽。

设计和化妆技艺的，得要提前一个月礼聘才请得到，他精心设计，其他工匠都听他指挥，遵照执行。装束准备好了，先表演一番，不是众人叫绝的，也不用这种设计。因此一人一骑，都蕴含了非常多的心思和内涵，如同古董名画，一勾一勒，任何细节都不能放过。当地百姓碰到小灾小难的，会拿一面小白旗，到庙里祈祷祛灾，因此庙里的白旗堆满了仓库。

台阁开戏的这一天，每个人都用手举三四根竹竿、每根竹竿串起三四面旗子，到神像前祈福，队伍长达七八里，像几百万只白蝴蝶在山坳树隙间回旋飞舞。四面八方前来围观的人有几十万。临时的集市搭建在枫桥下，有摆摊搭棚的。如果从台阁上和马上掉金银珠宝到地上，捡到的人好像被什么东西附身似的不能离开，一定要把捡到的东西送到神像前。如果要寻找掉落在树丛田坎间的东西，人们向神请求提示方位，神明会马上指明遗落的地方，人们就能找到，不会有错，非常灵验。

雪精

·原文·

外祖陶兰风先生，倅寿州，得白骡，蹄跲都白，日行二百里，畜署中。寿州人病噎嗝，辄取其尿疗之。凡告期，乞骡尿状，常十数纸。外祖以木香沁其尿，诏百姓来取。后致仕归，捐馆，舅氏啬轩解骖赠余。余豢之十年许，实未尝具一日草料。日夜听其自出觅食，视其腹未尝不饱，然亦不晓其何从得饱也。天曙，必至门祗候，进厩候驱策，至午勿御，仍出觅食如故。后渐跋扈难御，见余则驯服不动，跨鞍去如箭，易人则咆哮蹄啮，百计鞭策之不应也。一日，与风马争道城上，失足堕濠堑死，余命葬之，谥之曰“雪精”。

·译文·

我的外祖父陶兰风先生在寿州担任副职，有人送给他一匹白骡子，它的蹄趾都是白色的，能日行两百里路，饲养在官府中。寿州人如有生病噎嗝，就会取白骡子的尿来做药引治疗。凡是有选日子的，求骡尿的状纸有十多张。外祖父常把木香浸泡在骡尿中，通知百姓来取。后来外祖父辞官回乡，去世后，舅舅陶啬轩就把白骡送给了我。我豢养它十多年，实在是没有给它准备过一天的草料，任由它自己日夜出去觅食，看它的肚子却从来没有不饱的，也不知道它在哪里吃饱的。每天天亮时分，它必然会到大门口等候开门，进马厩后会等待驱使，到中午就不听使唤，它会照常出去觅食。后来逐渐跋扈到常人难以驾驭，但看到我就会立即温驯不乱动，只要我跨上鞍，它便来去奔跑像箭一样快，换了别人，它就会咆哮踢打乱咬，旁人用尽办法来鞭策它还是不行。一天，它和一匹野马在城上抢道，失足跌落濠堑而亡，我命人把它埋葬好，追谥它为“雪精”。

严助庙

·原文·

陶堰司徒庙，汉会稽太守严助庙也。岁上元设供，任事者聚族谋之终岁。凡山物犕犕（虎、豹、麋鹿、獾猪之类），海物噩噩（江豚、海马、鲟黄、鲨鱼之类），陆物痴痴（猪必三百斤，羊必二百斤，一日一换。鸡、鹅、凫、鸭之属，不极肥不上贡），水物噞噞（凡虾、鱼、蟹、蚌之类，无不鲜活），羽物毨毨（孔雀、白鹇、锦鸡、白鹦鹉之属，即生供之），毛物毻毻（白鹿、白兔、活貂鼠之属，亦生供之），洎非地（闽鲜荔枝、圆眼、北苹婆果、沙果、文官果之类）、非天（桃、梅、李、

·译文·

绍兴陶堰有座司徒庙，是供奉西汉会稽太守严助的庙。每年正月十五上元节时，主事的人会献上族人谋划准备了一年的祭品。祭品有凶猛的山中野兽（包括虎、豹、麋鹿、獾猪之类），肥美的海产品（包括江豚、海马、鲟黄、鲨鱼之类），肥壮的陆上家畜（包括三百斤以上的猪，二百斤以上的羊，并且一天一换。鸡、鹅、凫、鸭之类的家禽，不肥的不上供），鲜活的水产品（大概是虾、鱼、蟹、蚌之类，没有不鲜活的），整齐光亮的有羽毛的动物（孔雀、白鹇、锦鸡、白鹦鹉之类，都是生供），毛发细密的动物（白鹿、白兔、活貂鼠之类，也是生供），还有外地出产的水果（有福建鲜荔枝、圆眼、北京的苹婆果、沙果、文官果之类）、不是时令的水果（桃、梅、李、杏、杨梅、枇杷、樱桃之类，

杏、杨梅、枇杷、樱桃之属，收藏如新撷）、非制（熊掌、猩唇、豹胎之属）、非性（酒醉、蜜饯之类）、非理（云南蜜唧、峨眉雪蛆之类）、非想（天花龙蜒、雕镂瓜枣、捻塑米面之类）之物，无不集。庭实之盛，自帝王宗庙社稷坛壝所不能比隆者。

十三日，以大船二十艘载盘轸，以童崽扮故事，无甚文理，以多为胜。城中及村落人，水逐陆奔，随路兜截，转折看之，谓之“看灯头”。五夜，夜在庙演剧，梨园必倩越中上三班，或雇自武林者，

缠头日数万钱，唱《伯喈》《荆钗》，一老者坐台下，对院本，一字脱落，群起噪之，又开场重做。越中有“全伯喈”“全荆钗”之名起此。天启三年，余兄弟携南院王岑、老串杨四、徐孟雅、圆社河南张大来辈往观之。到庙蹴鞠，张大来以“一丁泥”“一串珠”名世，球着足，浑身旋滚，一似粘疐有胶、提掇有线、穿插有孔者，人人叫绝。剧至半，王岑扮李三娘，杨四扮火工窦老，徐孟雅扮洪一嫂，马小卿十二岁扮咬脐，串《磨房》《撇池》《送子》《出猎》四出。科诨曲白，妙入筋髓，又复叫绝。遂解维归。戏场气夺，锣不得响，灯不得亮。

保存得就像刚摘下来一样）、不合常规礼制的供品（熊掌、猩唇、豹胎之类）、不是本来味道的小吃（酒醉、蜜饯之类）、不合常理的小吃（云南蜜唧、峨眉雪蛆之类），还有常人无法想象的供品（天花龙蜒、雕镂瓜枣、捻塑米面之类），将这些物品全部聚集起来。场面非常盛大，贡品非常丰富，就算是帝王家的宗庙和社稷之坛举行的祭祀仪式，也没有比这更隆重的了。

正月十三日，用二十艘大船装好鼓铃等乐器，用儿童扮演故事里的人物，不讲究什么礼仪排场，胜在人多热闹。城里和乡下的人，在水上追逐和陆地奔跑，随着道路兜兜转转一路跟随，这样热闹的场景叫“看灯头”。连续五个晚上，庙里都有戏剧演出，一定会请越中戏曲界最好的戏班，或者到杭州专门雇人演出，演出每天花费数万钱，演唱《伯喈》《荆钗》剧目时，一位老者坐在台下边听边对唱词，若发现唱漏一个字，就引得全场一

起起哄，逼得戏班重新演出。越中“全伯喈”“全荆钗”的说法就是这样起源的。天启三年（1623），我兄弟带着南院王岑、老串杨四、徐孟雅、圆社河南张大来等演员前来观摩。在严助庙这里踢球，张大来以“一丁泥”“一串珠”闻名天下，球到他脚下，就在他身旁旋转，仿佛他脚下有胶粘着球、有线拴住了球、有孔插住了球，观看的人纷纷叫绝。剧目演到一半，王岑扮作李三娘，杨四扮作火工窦老，徐孟雅扮作洪一嫂，马小卿只有十二岁扮作咬脐，串场演出《磨房》《撇池》《送子》《出猎》四出戏剧。插科打诨、唱曲说白，都非常精巧，大家又纷纷叫绝。表演完后，大家驾船回家。戏场因为刚才我兄弟这些人的表演把人气夺去，好像锣都敲得没有以前那么响亮，灯也没有从前那么明亮了。

乳酪

原文

乳酪自驵侩为之，气味已失，再无佳理。余自豢一牛，夜取乳置盆盎，比晓，乳花簇起尺许，用铜铛煮之，瀹兰雪汁，乳斤和汁四瓯，百沸之。玉液珠胶，雪腴霜腻，吹气胜兰，沁入肺腑，自是天供。或用鹤觞花露入甑蒸之，以热妙；或用豆粉搀和，漉之成腐，以冷妙；或煎酥，或作皮，或缚饼，或酒凝，或盐腌，或醋捉，无不佳妙。而苏州过小拙和以蔗浆霜，熬之、滤之、钻之、掇之、印之，为带骨鲍螺，天下称至味。其制法秘甚，锁密房，以纸封固，虽父子不轻传之。

译文

从商贩处买来的乳酪，早已失去了原有的气味，不能称其为美味。我自己豢养了一头牛，每天晚上取满一盆牛奶，放到第二天早上，乳花就能堆起一尺多高，再用铜铛煮，添加兰雪汁，用一斤牛乳和四瓯兰雪汁反复煮沸。煮出的汁液如同玉露琼浆，颜色宛如霜雪，气味远胜于兰花，沁人心脾，自然是上天提供的佳品。也可以用美酒、花露加入锅中蒸煮，热着吃味道最好；还可以掺和豆粉，过滤成豆腐，这个冷了再吃最佳；还可煎得酥脆，或做成奶皮，或做成缚饼，或用酒凝取，或用盐腌渍，或用醋拌，各种做法风味都独特。而苏州的过小拙把乳酪与蔗浆霜合在一起，熬煮、过滤、穿孔、选取、印上花纹，做成带骨鲍螺状，世人都说这是人间美味。这种制作方法非常保密，配方封存好锁在密室中，即使是父子之间，也不轻易传授。

二十四桥风月

·原文·

广陵二十四桥风月，邗沟尚存其意。渡钞关，横亘半里许，为巷者九条。巷故九，凡周旋折旋于巷之左右前后者，什百之。巷口狭而肠曲，寸寸节节，有精房密户，名妓、歪妓杂处之。名妓匿不见人，非向道莫得入。歪妓多可五六百人，每日傍晚，膏沐熏烧，出巷口，倚徙盘礴于茶馆酒肆之前，谓之“站关”。茶馆酒肆岸上纱灯百盏，诸妓掩映闪灭于其间，疤戾者帘，雄趾者阈。灯前月下，人无正色，所谓“一白能遮百丑”者，粉之力也。游子过客，往来如梭，摩

·译文·

扬州二十四桥有很多风月场所，邗沟里有很多烟花柳巷。渡过钞关，横亘在半里范围内，一共有九条巷子。巷子原来有九条，但是每条巷子前后左右却曲折地开了上百个出口。巷口曲折狭长，寸寸节节地像肠子一样，里面有精致隐秘的屋宇，名妓和普通的妓女混杂在这里。但是名妓通常是隐匿着的，没有人引荐是没法进去的。普通的妓女多达五六百人，每天傍晚，她们沐浴熏香之后，走出巷口，或站或坐，流连于茶馆、酒肆这些店铺之间，这种行为称为“站关”。茶馆、酒肆的百盏纱灯在岸上摇曳，灯光下这些妓女们掩映得若隐若现，长相不好看的妓女会用帘布遮脸，大脚的会把双脚藏在门槛后。在灯光和月光的掩映下，看不清她们的本来面目，这就和所谓的“一白能遮百丑”一个道理，别人用粉遮挡，她们用光遮挡啊。来来往往的游人过客，睁大眼睛打

睛相觑，有当意者，逼前牵之去；而是妓忽出身份，肃客先行，自缓步尾之。至巷口，有侦伺者，向巷门呼曰："某姐有客了！"内应声如雷。火燎即出，一一俱去，剩者不过二三十人。

沉沉二漏，灯烛将烬，茶馆黑魆无人声。茶博士不好请出，惟作呵欠，而诸妓醵钱向茶博士买烛寸许，以待迟客。或发娇声，唱《劈破玉》等小词，或自

量她们，有满意的，走上前牵着手马上就离开了，而这时妓女会突然表明身份，敦促客人先行，她在后面慢慢地跟随。走到巷口时，会有通报的人，对着巷门口大喊："某姐来客人了！"里面传来

相谑浪嘻笑，故作热闹，以乱时候；然笑言哑哑声中，渐带凄楚。夜分不得不去，悄然暗摸如鬼。见老鸨，受饿、受笞俱不可知矣。

余族弟卓如，美须髯，有情痴，善笑，到钞关，必狎妓，向余噱曰："弟今日之乐，不减王公。"余曰："何谓也？"曰："王公大人侍妾数百，到晚耽耽望幸，当御者不过一人。弟过钞关，美人数百人，目挑心招，视我如潘安，弟颐指气使，任意拣择，亦必得一当意者呼而侍我。王公大人，岂遂过我哉！"复大噱，余亦大噱。

雷鸣般的应答声。等到接到客的妓女拿着火把都离开了，剩下不过二三十人。

二漏时分，灯烛快要燃尽了，茶馆也变得漆黑寂静起来。茶博士不好意思把剩下的几个妓女请走，只好在一旁打着呵欠，而剩下的妓女就凑钱向茶博士买一寸左右的灯烛，以等待迟来的客人。有的妓女在那娇声唱曲，唱《劈破玉》等小词，有的妓女互相嬉笑打闹，故作热闹，以打发时间，然而在她们的说笑声中，往往带着几分凄楚。等到半夜时分，她们不得不摸黑回去，在黑暗中就像鬼魅一般。回去后见到老鸨，她们会不会挨饿、挨打，就无从知晓了。

我的族弟张卓如，英俊潇洒，多情爱笑，到钞关就一定会去狎妓，向我显摆说："你弟弟今天又快活得很，得到的享受不亚

于王公贵族。”我问：“怎么说？”他回答：“王公贵族们虽然有数百个侍妾，到了晚上侍妾们都希望能被临幸，但和他过夜的也不过只有一人。弟弟我去钞关，每回都有上百个美人对我眉目传情，心神招引，把我当成潘安一样的美男子，弟弟我颐指气使，任意挑选，也一定可以选到称心如意的美人侍候我。王公贵族们的待遇能比得上我吗！”说完就大笑起来，我听了也跟着哈哈大笑。

世美堂灯

·原文·

儿时跨苍头颈，犹及见王新建灯。灯皆贵重华美，珠灯料丝无论，即羊角灯亦描金细画，缨络罩之。悬灯百盏尚须秉烛而行，大是闷人。余见《水浒传》“灯景诗”有云：“楼台上下火照火，车马往来人看人。”已尽灯理。余谓灯不在多，总求一亮。余每放灯，必用如椽大烛，专令数人剪卸烬煤，故光迸重垣，无微不见。十年前，里人有李某者，为闽中贰尹，抚台委其造灯，选雕佛匠，穷工极巧，造灯十架，凡两年。灯成而抚台已物故，携归藏椟中。又十年许，知余好灯，

·译文·

我小时候骑在老仆人的脖子上时，曾见到过一次王新建做的灯。花灯都非常贵重华美，不用说珍珠料丝做的花灯，就算是普通的羊角灯，也都是描金细画，用璎珞罩好。家里即使是悬挂上百盏这样的灯，仍需举着蜡烛走路，非常闷人。我看《水浒传》里描写灯景的诗云：“楼台上下火照火，车马往来人看人。”这句诗写尽了灯用于照明的道理。我认为花灯不在于数量上的多寡，只在于能不能照亮。我每次放灯，都会用像椽梁那么粗的大蜡烛，并专门派上好几个人剪去灯芯上的烛灰，因此烛光能远照到院墙上，再小的东西都可以看清。十年前，我有个姓李的同乡，当上了福建的一个副县丞，抚台委托他造花灯，于是他挑选了一些雕刻佛像的工匠，精雕细琢，打造出十架花灯，花了两年的时间。等到花灯做好的时候，抚台却去世了，我同乡就把这些灯带回来

举以相赠，余酬之五十金，十不当一，是为主灯。遂以烧珠、料丝、羊角、剔纱诸灯辅之。而友人有夏耳金者，剪彩为花，巧夺天工，罩以冰纱，有烟笼芍药之致。更用粗铁线界划规矩，匠意出样，剔纱为蜀锦，墁其界地，鲜艳出人。耳金岁供镇神，必造灯一盏，灯后，余每以善价购之。余一小傒善收藏，虽纸灯亦十年不得坏，故灯日富。又从南京得赵士元夹纱屏及灯带

藏在箱子里。又过了十多年，他听说我喜好花灯，就全部赠给我，我给他五十金作为酬谢，还不到他当初造灯花费的十分之一，我把这些灯用作主灯。然后用烧珠灯、料丝灯、羊角灯、剔纱灯来搭配这些主灯进行摆放。我有位叫作夏耳金的朋友，他拿彩纸剪出花朵，巧夺天工，把冰纱罩在纸花上，有种烟笼芍药的雅致。再用粗铁线规划出边框结构，别具匠心，用蜀锦做出剔纱，在它边上铺设装饰，显得鲜艳动人。夏耳金每年元宵供神的时候，就会造一盏灯，灯用完之后，我就会用个好价钱

数副，皆属鬼工，决非人力。灯宵出其所有，便称胜事。

鼓吹弦索，厮养臧获，皆能为之。有苍头善制盆花，夏间以羊毛炼泥墩，高二尺许，筑“地涌金莲”，声同雷炮。花盖亩余，不用煞拍鼓铙，清吹唢呐应之，

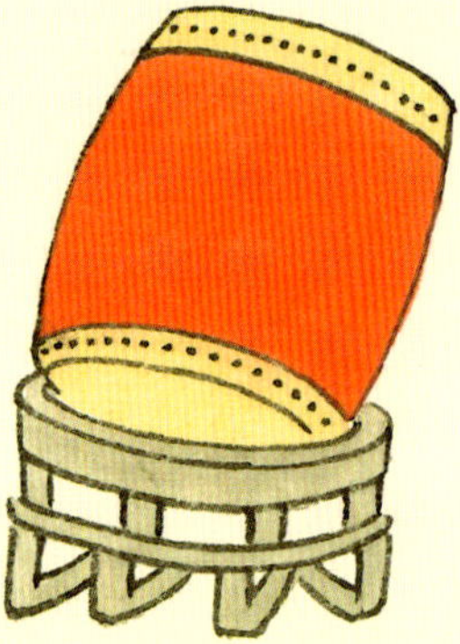

买过来。我有一个仆人善于收藏保管，在他手里，即使纸灯存放了十年也不会坏，所以我收藏的灯日渐多了起来。我又从南京买来了赵士元做的夹纱屏以及几副灯带，制作工艺都堪称鬼斧神工，绝不是普通人能做得出来的。元宵节的晚上，我把所有收藏的花灯摆出来，这在当时可以称得上是盛事了。

我养的小厮和婢女都能表演吹拉弹唱。有个老仆人善于制作烟花，他在夏天的时候，用羊毛烧制高二尺多的泥墩，做成地涌金莲的样式，点燃时发出雷炮般的声响。绽开的烟花可以覆盖一亩多大的地方，根本不需要敲锣打鼓，只需要轻吹唢呐应和就好了，根据烟花绽放的缓急和高下来吹唢呐。如果张结彩灯了却不表演戏剧，那么看灯的心情就没有那么酣畅了，然而如果没有队伍鼓吹，那么灯光和烟火也会显得

望花缓急为唢呐缓急，望花高下为唢呐高下。灯不演剧，则灯意不酣；然无队舞鼓吹，则灯焰不发。余敕小傒串元剧四五十本。演元剧四出，则队舞一回，鼓吹一回，弦索一回。其间浓淡繁简松实之妙，全在主人位置。使易人易地为之，自不能尔尔。故越中夸灯事之盛，必曰“世美堂灯”。

暗淡。我让仆人串联着表演四五十本元剧。每演四出元剧，就表演歌舞一次，鼓吹一回，吹拉弹唱一次。演出过程中情绪的浓淡、形式的繁简、剧情的轻松紧张，全由我这个主人决定。如果换了人、换了地方来办这场盛会，也就不能达到这样盛大的程度。因此越中地区的人夸赞灯事的盛大，就一定会说起“世美堂灯”。

宁了

· 原文 ·

大父母喜豢珍禽：舞鹤三对，白鹇一对，孔雀二对，吐绶鸡一只，白鹦鹉、鹩哥、绿鹦鹉十数架。一异鸟名“宁了”，身小如鸽，黑翎如八哥，能作人语，绝不含糊。大母呼媵婢，辄应声曰：“某丫头，太太叫！”有客至，叫曰：“太太，客来了，看茶！”有一新娘子善睡，黎明辄呼曰：“新娘子，天明了，起来吧！太太叫，快起来。”不起，辄骂曰：“新娘子，臭淫妇，浪蹄子！”新娘子恨甚，置毒药杀之。“宁了”疑即“秦吉了”，蜀叙州出，能人言。一日夷人买去，惊死，其灵异酷似之。

· 译文 ·

我的祖父母喜欢豢养珍禽：三对舞鹤、一对白鹇，两对孔雀、一只吐绶鸡，十几架白鹦鹉、鹩哥、绿鹦鹉。有一只叫“宁了”的怪鸟，身形娇小宛如鸽子，羽毛黝黑犹如八哥，能学人说话，而且一点儿也不含糊。祖母呼唤婢女的时候，它马上就叫：“某丫头，太太叫！”有客人到，它就叫：“太太，客来了，看茶！”有一个新娘子喜欢睡觉，天刚亮它就呼喊：“新娘子，天明了，起来吧！太太叫，快起来！”新娘子不起来，就骂道：“新娘子，臭淫妇，浪蹄子！”这个新娘子对它非常痛恨，买来毒药把它毒死了。“宁了”可能是“秦吉了”，生长于四川叙州，能说人话。以前有个外族人买了一只“秦吉了”，把它吓死了，“宁了”和“秦吉了”的通灵奇异情况很相像。

张氏声伎

·原文·

谢太傅不畜声伎，曰：“畏解，故不畜。”王右军曰：“老年赖丝竹陶写，恒恐儿辈觉。”曰“解”，曰“觉”，古人用字深确。盖声音之道入人最微，一解则自不能已，一觉则自不能禁也。我家声伎，前世无之，自大父于万历年间与范长白、邹愚公、黄贞父、包涵所诸先生讲究此道，遂破天荒为之。有“可餐班”，以张彩、王可餐、何闰、张福寿名；次则“武陵班”，以何韵士、傅吉甫、夏清之名；再次则“梯仙班”，以高眉生、李岭生、马蓝生名；再次则“吴郡班”，以王畹生、夏汝开、杨啸生名；再次则“苏小小班”，以马小卿、潘小妃名；再次则平子“茂苑班”，以李含香、

·译文·

谢太傅不养戏班，他说：“我害怕明白戏曲之妙，所以我不养。”王羲之曾说：“老年人依靠音乐陶冶情操，但又常常害怕儿辈们发现他们的苦闷，影响他们的心情。”这里有人说是“解”，有人说是“觉”，古人用字确实暗藏深意。因为声音最容易进入人的内心，一解则自己不能停止，一觉则自己不能控制。我家以前是不养戏班的，自从万历年间，我的祖父和范长白、邹愚公、黄贞父、包涵所等先生讨论这件事，才开始养戏班。养的闻名的戏班有“可餐班”，这里面张彩、王可餐、何闰、张福寿最为有名；其次是“武陵班”，这里面何韵士、傅吉甫、夏清之非常出名；再次是“梯仙班”，以高眉生、李岭生、马蓝生而闻名；再次就是“吴郡班”，以王畹生、夏汝开、杨啸生而出名；再次是“苏小小班”，以马小卿、潘小妃闻名；再次则是平子的“茂苑班”，以李含香、顾岭竹、应楚烟、杨騄駬而出名。随着祖父对戏剧日

顾岕竹、应楚烟、杨騄駬名。主人解事日精一日，而傒童技艺亦愈出愈奇。

余历年半百，小傒自小而老、老而复小、小而复老者凡五易之，无论“可餐”“武陵”诸人，如三代法物不可复见；“梯仙”“吴郡”间有存者，皆为佝偻老人；而“苏小小班”亦强半化为异物矣；“茂苑班”则吾弟先去，而诸人再易其主，余则婆娑一老，以碧眼波斯，尚能别其妍丑。山中人至海上归，种种海错皆在其眼，请共舐之。

渐精通，仆人们的技艺也越来越出众。

我五十岁后，已经见过了这些仆人从小变老、又从老换成小、小而复老的过程，换了有五拨人。但是，不用说“可餐班”“武陵班”的这些人，就像远古的物件，再也看不到了；“梯仙班”“吴郡班”还活着的，都已变为佝偻老人；而“苏小小班”的人，也大半离世；“茂苑班”的人随着我弟弟的离世，也都各易其主。我现在也变成了一个步履蹒跚的老人，但还是可以像碧眼的波斯人那样，辨别戏子们的美丑。过去的记忆，就像山里人刚从海上回来，眼前看到的仿佛还是各种海味。请让我们共同品尝吧！

方物

·原文·

越中清饞，无过余者，喜啖方物。北京则苹婆果、黄鼠、马粪菘；山东则羊肚菜、秋白梨、文官果、甜子；福建则福橘、福橘饼、牛皮糖、红腐乳；江西则青根、丰城脯；山西则天花菜；苏州则带骨鲍螺、山查丁、山查糕、松子糖、白圆、橄榄脯；嘉兴则马交鱼脯、陶庄黄雀；南京则套樱桃、桃门枣、地栗团、窝笋团、山查糖；杭州则西瓜、鸡豆子、花下藕、韭芽、玄笋、塘栖蜜橘；萧山则杨梅、莼菜、鸠鸟、青鲫、方柿；诸暨则香狸、樱桃、虎栗；嵊则蕨粉、细榧、龙游糖；临海则枕头瓜；台州则瓦楞蚶、江瑶柱；浦江则火肉；

·译文·

论美食，越中地区没有人比我更喜爱了，我尤其喜欢吃地方特产。北京特产有苹果、大白菜；山东特产有羊肚菜、秋白梨、文官果、甜子；福建特产有福橘、福橘饼、牛皮糖、红腐乳；江西特产有青根、丰城脯；山西则有天花菜；苏州则是带骨鲍螺、山楂丁、山楂糕、松子糖、白圆、橄榄脯；嘉兴特产有马鲛鱼脯、陶庄黄雀；南京有套樱桃、桃门枣、地栗团、窝笋团、山楂糖；杭州特产有西瓜、鸡豆子、花下藕、韭芽、玄笋、塘栖蜜橘；萧山特产有杨梅、莼菜、鸠鸟、青鲫、方柿；诸暨有香狸、樱桃、虎栗；嵊县特产则是蕨粉、细榧、龙游糖；临海有枕头瓜；台州的是瓦楞蚶、干贝；浦江有火腿肉；东阳则是南枣；山阴特产有破塘笋、谢橘、独山菱、河蟹、三江屯蛏、白蛤、江鱼、鲥鱼、里河鰦。那些距离浙江很远的地方的特产一年只能吃上一回，距

东阳则南枣；山阴则破塘笋、谢橘、独山菱、河蟹、三江屯蛏、白蛤、江鱼、鲥鱼、里河鰦。远则岁致之，近则月致之、日致之。耽耽逐逐，日为口腹谋，罪孽固重。但由今思之，四方兵燹，寸寸割裂，钱塘衣带水，犹不敢轻渡，则向之传食四方，不可不谓之福德也。

离稍微近点儿的每月可以吃一次，再近的每天都能吃上。我每天就想着口腹之欲，这样的贪婪其实也是一件罪孽深重的事情。但现在想来，四方战火连天，山河被寸寸割裂，虽然都是钱塘江一衣带水的地方，但也不敢轻易渡江前往，那么以前可以吃到四方送来的美食，不得不说那是要有多么大的福德啊。

祁止祥癖

• 原文 •

人无癖不可与交，以其无深情也；人无疵不可与交，以其无真气也。余友祁止祥有书画癖，有蹴鞠癖，有鼓钹癖，有鬼戏癖，有梨园癖。壬午，至南都，止祥出阿宝示余，余谓：“此西方迦陵鸟，何处得来？”阿宝妖冶如蕊女，而娇痴无赖，故作涩勒，不肯着人。如食橄榄，咽涩无味，而韵在回甘；如吃烟酒，鲠餔无奈，而软同沾醉，初如可厌，而过即思之。止祥精音律，咬钉嚼铁，一字百磨，口口亲授，阿宝辈皆能曲通主意。

• 译文 •

一个人如果没有癖好是不可与之交往的，因为他没有深情厚谊；一个人如果没有缺点也是不能跟他交往的，因为他没有真气。我的朋友祁止祥爱好书画，喜欢踢球，爱好击鼓，喜欢看鬼戏，喜欢戏曲。崇祯十五年（1642），我到南京来，祁止祥带阿宝来看我，我惊叹道：“这样如同西方迦陵鸟一样的娈童，你是怎么得到他的？”阿宝妖冶宛若妙龄少女一般，却又娇羞憨厚，故意摆出不顺从的样子，不愿与人亲近。和他相处，就像吃橄榄，吃的时候生涩无味，回味甘甜；又像吃烟酒一样，哽噎在喉，但又让人沾之即醉。刚认识的时候抵触厌恶，认识之后却又无限想念。祁止祥精通音律，就像咬钉嚼铁一样，一个字一个字慢慢地教，一点一点亲自传授，所以像阿宝这样的娈童也能理解曲中的深意。

乙酉，南都失守，止祥奔归，遇土贼，刀剑加颈，性命可倾，阿宝是宝。丙戌，以监军驻台州，乱民卤掠，止祥囊箧都尽，阿宝沿途唱曲，以膳主人。及归，刚半月，又挟之远去。止祥去妻子如脱屣耳，独以娈童崽子为性命，其癖如此。

顺治二年（1645），南京沦陷，祁止祥在逃难时碰到山贼，刀剑都靠到脖子上来了，生死攸关，这时他还是把阿宝当作至宝，其他财物都失去了。顺治三年（1646），他去台州当监军，碰到乱民抢夺钱财，祁止祥的财产全都被抢走了，阿宝沿途卖唱，养活了他。等他们到了台州，刚住半个月，祁止祥又带着阿宝离开台州。祁止祥离开妻子就像脱去鞋子，唯独看待这个娈童宛如自己的性命一般宝贵，他的癖好可以达到这样的程度，的确令人敬佩。

泰安州客店

·原文·

客店至泰安州，不复敢以客店目之。余进香泰山，未至店里许，见驴马槽房二三十间；再近，有戏子寓二十余处；再近，则密户曲房，皆妓女妖冶其中。余谓是一州之事，不知其为一店之事也。投店者，先至一厅事，上簿挂号，人纳店例银三钱八分，又人纳税山银一钱八分。店房三等：下客夜素早亦素，午在山上用素酒果核劳之，谓之“接顶”。夜至店，设席贺，谓烧香后求官得官，求子得子，求利得利，故曰贺也。贺亦三等：上者专席，糖饼、五果、十肴、果核、演戏；次者二人一席，亦糖饼，亦肴核，亦演戏；下者三四人一席，亦糖饼、肴核，不演戏，用弹唱。计其店中，

·译文·

我曾经到泰安州住过客栈，便再也不敢拿别的地方的旅店标准来看待这里的旅店了。在去泰山进香的路上，我离旅店还有一里远，就看到有二三十间喂养驴马的槽房；走近一点儿，就能看到二十多间戏子的寓所；再靠近一些，就是密户曲房，里面都是妖冶的妓女。我以为这是整个泰安州的旅店规模，没想到仅仅只是这一家旅店的规模。投宿的旅客，要先到大厅，登记挂号，一个人住，交例银三钱八分，再加缴纳税费山银一钱八分。客房有三等：下等的早晚提供素食，中午在山上也只有素酒干果供应，叫作“接顶”。晚上回到旅店，有筵席庆贺，说是泰山烧香后求官得官、求子得子、求钱得钱，所以称“贺”。“贺”也分三等：上等有专座，有糖饼、五种水果、十道菜、干果、戏曲表演以供娱乐；中等的两人一桌，也有糖饼、菜肴、干果、戏曲表演；下

演戏者二十余处，弹唱者不胜计。庖厨炊爨亦二十余所，奔走服役者一二百人。下山后，荤酒狎妓惟所欲，此皆一日事也。若上山落山，客日日至，而新旧客房不相袭，荤素庖厨不相混，迎送厮役不相兼，是则不可测识之矣。泰安一州与此店比者五六所，又更奇。

等的三四人一桌，有糖饼、菜肴、干果，但没有戏曲，只有弹唱。店中演戏的地方有二十多处，弹唱的更是数不胜数。厨房也有二十多处，跑堂服务客人的有一两百人。从泰山下来后，客人们喝酒狎妓为所欲为，这些都是他们整天做的事情。就像上山下山一样，旅客每天来来往往，但这里的新旧客房却合理有序，不会混淆，做荤菜和素菜的厨师也不会混淆，迎来送往的仆役也各司其职，这里的旅店管理水平非常高明。更令人称奇的是，这样的旅店在泰安州还有五六家。

卷伍

范长白

· 原文 ·

范长白园在天平山下，万石都焉。龙性难驯，石皆笏起。傍为范文正墓。园外有长堤，桃柳曲桥，蟠屈湖面，桥尽抵园。园门故作低小，进门则长廊复壁，直达山麓，其绘楼幔阁、秘室曲房，故故匿之，不使人见也。山之左为桃源，峭壁，回湍，桃花片片流出。右孤山，种梅千树。渡涧为小兰亭，茂林修竹，曲水流觞，件件有之。竹大如椽，明静娟洁，打磨滑泽如扇骨，是则兰亭所无也。地必古迹，名必古人，此是主人学问。但桃则溪之，梅则屿之，竹则林之，尽可自名其家，不必寄人篱下也。

· 译文 ·

范长白园建在天平山下，它是用石头建成的。天平山山势起伏，宛如一条难以驯服的巨龙，山上的石头都像笏板一样竖起来。范长白园旁边有范文正（范仲淹）先生的墓。园外有长堤，桃柳掩映，弯弯曲曲的小桥，像蟠龙一样盘曲在湖面上，桥的尽头直通园子。园门特意做得低小，进门就是长廊与重重画壁，一直通向天平山山脚。园内有雕梁画栋的楼台、幔帐为帘的亭阁、曲房和密室，特意建得隐蔽藏在园中，不让外人看到。桃源在天平山的左侧，陡峭的壁石下，溪水湍流，一片一片的桃花花瓣顺流而出。天平山右侧的孤山上，种了一千多株梅树。渡溪涧流到对面的小兰亭，茂林修竹，曲水流觞，仿照着《兰亭集序》中的景致建成。这里的竹子粗大如房梁，姿态明静秀洁，打磨得光滑润泽有如扇骨，这是兰亭里所没有的景致。园内的景致一律仿古迹而建，也用古人的方法取名，这正是主人学问的体现。但是这样在溪边种

余至，主人出见。主人与大父同籍，以奇丑著。是日释褐，大父嬲之曰："丑不冠带，范年兄亦冠带了也。"人传以笑。余亟欲一见。及出，状貌果奇，似羊肚石雕一小猱，其鼻垩，颧颐犹残缺失次也。冠履精洁，若谐谑谈笑面目中不应有此。开山

桃树，峭壁下种梅树，树林深处种竹林，有这样的布景风格，主人完全可以根据自己的喜好取名，不必根据他人的说法来取名。

我来到这里，主人出来与我会面。主人与我的祖父是同年进士，以相貌奇丑闻名。他刚做官那天，祖父戏弄他说："人长得丑不能做官，范年兄竟然也穿官服了。"这话被人们传为笑谈。我很好奇，非常想要和他见上一面。等主人从园内走出，他的相貌果然奇丑，他的身形像一个用羊肚石雕成的小猴子，他的鼻子上像涂了一块白灰，颧骨和两颊有些残缺失去协调。但是他的穿衣打扮非常精致整洁，脸上表情就像在戏谑谈笑，他的面目长相本不会有这些表情。我们在开山堂小饮，镂空花格的窗户、色彩艳丽的窗帷，极其奢华，清脆的歌声、摇曳的丝竹声从秘阁传出，歌女忽然从层层矮墙中走出表演。我们喝完酒，又移席到小兰亭。等到天色渐晚，我准备告辞回家。园主人说："你稍坐，请再看

堂小饮，绮疏藻幕，备极华褥，秘阁清讴，丝竹摇飏，忽出层垣，知为女乐。饮罢，又移席小兰亭。比晚辞去。主人曰："宽坐，请看'少焉'。"余不解，主人曰："吾乡有缙绅先生，喜调文袋，以《赤壁赋》有'少焉月出于东山之上'句，遂字月为'少焉'。顷言'少焉'者，月也。"固留看月，晚景果妙。主人曰："四方客来，都不及见小园雪，山石崡岈，银涛蹴起，掀翻五泄，捣碎龙湫，世上伟观，惜不令宗子见也。"步月而出，至玄墓，宿葆生叔书画舫中。

一会'少焉'。"我不明白他的意思，主人解释道："我家乡有个当官的人，喜欢卖弄学问，因为《赤壁赋》里有'少焉月出于东山之上'的诗句，因此把月亮称为'少焉'。刚才说的'少焉'，就是指月亮。"他坚持要我留下来赏月，这里夜间的景致果然美妙。主人说："各方来客，都看不到小园里的雪景，这里山石布局幽深空旷，下雪后就像起伏不定的银色波涛，像瀑布被掀翻，像龙潭被捣碎，堪称世上奇观，可惜不能让你见到。"我踏着月色走出园子，走到玄墓山，夜宿葆生叔的书画舫。

诸工

·原文·

竹与漆与铜与窑，贱工也。嘉兴之腊竹，王二之漆竹，苏州姜华雨之箓簝竹，嘉兴洪漆之漆，张铜之铜，徽州吴明官之窑，皆以竹与漆与铜与窑名家起家，而其人且与缙绅先生列坐抗礼焉。则天下何物不足以贵人，特人自贱之耳。

·译文·

做竹器、漆器、铜器和瓷器，都属于地位卑贱的工种。嘉兴的腊竹、王二的漆竹、苏州姜华雨的箓簝竹、嘉兴洪漆的漆器、张铜的铜器、徽州吴明官的瓷器，他们都是以竹器、漆器、铜器和瓷器起家成为名家，然而这些人也可以与本地的官员贵族平起平坐、分庭抗礼。那么，天下什么东西都不足以使人高贵，只不过是人自己把自己看得轻微低贱罢了。

炉峰月

· 原文 ·

炉峰绝顶，复岫回峦，斗耸相乱，千丈岩陬牙横梧，两石不相接者丈许，俯身下视，足震慑不得前。王文成（王守仁）少年曾趵而过，人服其胆。余叔尔蕴以毡裹体，缒而下，余挟二樵子，从壑底搲而上，可谓痴绝。

丁卯四月，余读书天瓦庵，午后同二三友人登绝顶，看落照。一友曰："少需之，俟月出去。胜期

· 译文 ·

香炉峰的山巅，山峰曲折回环，交错地耸立着，山上千丈高的岩石犬牙交错，不相接的两块石头之间相隔一丈多，从上面俯身往下看，悬崖峭壁足以吓得让人不敢上前。王文成年轻时曾一跳而过，旁人佩服他的胆量。我叔叔张尔蕴用毛毡包裹身体，系着绳子放到底下，我只得带着两个樵夫，从谷底攀爬而上，这两种方法可以说是很愚笨了。

天启七年（1627）四月，我到天瓦庵读书，午后同三位朋友登上绝顶，看落日的景色。一位朋友说："我们稍等一会儿，等月亮出来再走。这样的机会很难再有了，纵使回去的路上遇到老虎也是命中注定。况且老虎也有它们的作息规律，夜晚才会下山寻觅猪狗作为食物，它难道也会上山来赏月吗？"这番话说得也有道理，于是我们四个人就盘坐在石头上。

难再得，纵遇虎，亦命也。且虎亦有道，夜则下山觅豚犬食耳，渠上山亦看月耶？”语亦有理。四人踞坐金简石上。

是日，月政望，日没月出，山中草木都发光怪，悄然生恐。月白路明，相与策杖而下。行未数武，半山嗥呼，乃余苍头同山僧七八人，持火燎、鞘刀、木棍，疑余辈遇虎失路，缘山叫喊耳。余接声应，奔而上，扶掖下之。

次日，山背有人言：“昨晚更定，有火燎数十把，大盗百余人，过张公岭，不知出何地？”吾辈匿笑不之语。谢灵运开山临澥，从者数百人，太守王琇惊骇，谓是山贼，及知为灵运，乃安。吾辈是夜不以山贼缚献太守，亦幸矣。

这天正好是农历正月十五，月亮最圆，日落月升，月光下，山中草木都熠熠发光，让人感觉有一丝恐怖。皎洁的月光照亮了道路，我们拄着拐杖互相搀扶着下山。没走几步，半山腰传来喊叫声，是我的老仆人和七八个山僧，他们手持火把、短刀、木棍来找我们，他们怕我们遇到老虎或在山上迷路，就沿着山路叫喊着来找人。我应和着他们，奔跑过去找他们，互相搀扶着下了山。

第二天，山后有人传言：“昨晚更定时分，有几十个火把，一百多个大盗，路过张公岭，不知这些盗贼从哪里来？”我们都偷笑不语。谢灵运曾经在海边开山，跟随他的有数百人，太守王琇以为他们是山贼，担惊受怕，等到知道是谢灵运，才放下心来。我们当晚没有被当成山贼被抓，绑到太守那里，已是非常走运了。

湘湖

·原文·

西湖，田也而湖之，成湖焉；湘湖，亦田也而湖之，不成湖焉。湖西湖者，坡公也，有意于湖而湖之者也；湖湘湖者，任长者也，不愿湖而湖之者也。任长者有湘湖田数百顷，称巨富。有术者相其一夜而贫，不信。县官请湖湘湖，灌萧山田，诏湖之，而长者之田一夜失，遂赤贫如术者言。今虽湖，尚田也，不下插板，不筑堰，则水立涸；是以湖中水道，非熟于湖者不能行咫尺。游湖者坚欲去，必寻湖中小船与湖中识水道之人，溯十阏三，鲠咽不之畅焉。湖里外锁以桥，里湖愈佳。盖西湖止一湖心亭为眼

·译文·

西湖这里原本是田地，后来才形成湖；湘湖本来也是一片田地，但是没有变成湖。西湖成为湖是因为苏东坡，他有意把这变成湖，这里最终也就成了湖；把湘湖建成湖的，是任长者，他本不愿把湘湖变成湖，但后面还是形成了湘湖。任长者在湘湖这里有几百顷田地，堪称巨富。有个江湖术者给他看相，说他会一夜之间变得贫穷，他不信这套。后面有县官请示朝廷要建成湘湖，灌溉萧山这里的田地，皇帝下诏建湖，因此任长者的田一夜之间就被湖水淹没了，他就像江湖术者说的那样变得一贫如洗。现在这里虽然是湖，还可以种田，但如果不下插板，不筑堤堰，水就会马上干涸。所以湖中水道，不是熟悉这片湖的人不能行走半步。游湖的人如果坚持要去，就要寻得湖中小船和湖中识水道的人，否则上溯湖水十里，有三里被淤泥堵住，如鲠在喉走得很不顺畅。

中黑子，湘湖皆小阜、小墩、小山，乱插水面，四围山趾，棱棱砺砺，濡足入水，尤为奇峭。

余谓西湖如名妓，人人得而媟亵之；鉴湖如闺秀，可钦而不可狎；湘湖如处子，眡娗羞涩，犹及见其未嫁时也。此是定评，确不可易。

湘湖里外用桥连接，里湖景色更佳。西湖只有一座湖心亭，看上去就像眼中黑子，而湘湖到处是小阜、小墩、小山，胡乱地立于水中，四周山峰环绕，层叠嶙峋，山脚没入水中，产生了奇峭的感觉。

我说西湖就像名妓，人人都可以前来游玩嬉戏；鉴湖像个大家闺秀，可以欣赏而不能调戏；湘湖就像处子，腼腆羞涩，好像还能见到她没嫁人的样子。这是公认的评价，确实不能轻易修改。

·原文·

樊江陈氏，辟地为果园，枸菊围之。自麦为蒟酱，自秫酿酒，酒香洌，色如淡金蜜珀，酒人称之。自果自蓏，以螫乳醴之为冥果。树谢橘百株，青不撷，酸不撷，不树上红不撷，不霜不撷，不连蒂剪不撷。故其所撷，橘皮宽而绽，色黄而深，瓤坚而脆，筋解而脱，味甜而鲜。第四门、陶堰、道墟以至塘栖，皆无其比。余岁必亲至其园买橘，宁迟、宁贵、宁少。购得之，用黄砂缸，藉以金城稻草或燥松毛收之。阅十日，草有润气，又更换之。可藏至三月尽，甘脆如新撷者。枸菊城主人橘百树，岁获绢百匹，不愧木奴。

·译文·

樊江陈氏开垦荒地修建果园，种以枸菊围在果园四周。自己种植的小麦做成蒟酱，自产的高粱酿酒，酒十分芳香清洌，色泽宛如淡金琥珀，喜好喝酒的人都夸赞他的酒好喝。自产瓜果，用蜂蜜和美酒做成蜜饯。种了一百多株谢橘树，青的不摘，酸的不摘，在树上没有变红的也不摘，没下过霜不摘，摘下时连蒂一起剪下。因此他所摘的橘子，橘子皮宽大绽开，颜色深黄，瓤坚挺脆嫩，白筋轻轻一剥就脱，味道甘甜鲜美。第四门、陶堰、道墟以至于塘栖产的橘子，都比不上这里的。我每年一定会亲自到他家果园买橘子，宁愿迟点儿，宁愿贵点儿，宁愿少点儿，也要来买。买到后，把橘子用黄砂缸储藏，用金城稻草或干燥松毛放到缸里吸收水份。等过了十天，草有了湿气，再更换新的稻草。这样可储藏到三月底，橘子依然甘脆就像刚摘下来一样。枸菊城主人种了一百多棵橘树，每年可以卖得上百匹绢，橘树不愧为“木奴”呀！

樊江陈氏橘

虎丘中秋夜

·原文·

虎丘八月半，土著流寓、士夫眷属、女乐声伎、曲中名妓戏婆、民间少妇好女、崽子娈童及游冶恶少、清客帮闲、傒僮走空之辈，无不鳞集。自生公台、千人石、鹅涧、剑池、申文定祠，下至试剑石、一二山门，皆铺毡席地坐，登高望之，如雁落平沙，霞铺江上。天暝月上，鼓吹百十处，大吹大擂，十番铙钹，渔阳掺挝，动地翻天，雷轰鼎沸，呼叫不闻。更定，鼓铙渐歇，丝管繁兴，杂以歌唱，皆“锦帆开，澄湖万顷”同场大曲，蹲踏和锣丝竹肉声，不辨拍煞。更深，人渐散去，士夫眷属皆下船水嬉，席席征歌，人人献技，南北杂之，

·译文·

八月十五这天虎丘非常热闹，当地人和游客、士大夫及其眷属、女乐声伎、青楼名妓、老鸨戏婆、民间少妇少女、孩童、美少年以及游手好闲之徒、清客帮闲、奴仆和行骗的江湖术士之类的人，都出来游玩聚集。从生公台、千人石、鹅涧、剑池、申文定祠，一直到试剑石、第一道和第二道山门，大家都铺着毡席坐在地上，站在高处看，宛如大雁栖息在平坦的沙石上，彩霞映照在江面上。等到天黑后月亮升起，各处鼓吹声响起，大吹大擂，十番锣鼓奏响，夹杂着《渔阳掺挝》的鼓曲，就像雷声轰鸣，震天动地，相邻的人即使大声呼叫都听不清在说什么。晚上八点，鼓声渐渐停歇，管乐声慢慢吹起，还夹杂着歌声，都是“锦帆开，澄湖万顷”这样的合场大曲，混杂着弦乐、管乐和歌声，连节拍都打乱了。

管弦迭奏，听者方辨句字，藻鉴随之。二鼓人静，悉屏管弦，洞箫一缕，哀涩清绵，与肉相引，尚存三四，迭更为之。三鼓，月孤气肃，人皆寂阒，不杂蚊虻。一夫登场，高坐石上，不箫不拍，声出如丝，裂石穿云，串度抑扬，一字一刻。听者寻入针芥，心血为枯，不敢击节，惟有点头。然此时雁比而坐者，犹存百十人焉。使非苏州，焉讨识者。

晚上十点，人们逐渐散去，士大夫的家眷才下船嬉戏，每桌酒席上竞相歌唱，人人献技，歌声四起，南北腔调混杂在一起，各种管弦乐器声此起彼伏，你才听明白歌词之意，各路品评声就已传到你耳旁。到了晚上十一点，夜深人静，管弦乐声都停止了，只剩下吹洞箫的声音，哀婉缠绵，与歌声相互呼应，最后只有三四个人轮流演唱。半夜时分，月亮孤零零地挂在空中，秋风萧肃，人声寂静，连蚊虻的声音都消失了。这时一个男子出场，坐在高石上，不吹箫也不打节拍，声若细丝，但可以裂石穿云，一字一句，抑扬顿挫。听众听到细微之处，心血似乎为之枯竭，全身静止，不敢击打节拍，只能点头称赞。这时宛如大雁排列而坐着的听众，还有一百多人。如果不是在苏州，哪还会有这么多的知音呢！

麋公

·原文·

万历甲辰，有老医驯一大角鹿，以铁钳其趾，设鲛鞴其上，用笼头衔勒，骑而走，角上挂葫芦药瓮，随所病出药，服之辄愈。家大人见之喜，欲售其鹿，老人欣然，肯解以赠，大人以三十金售之。五月朔日，为大父寿，大父伟硕，跨之走数百步，辄立而喘，常命小傒笼之，从游山泽。次年，至云间，解赠陈眉公。眉公羸瘦，行可连二三里，大喜。后携至西湖六桥、三竺间，竹冠

·译文·

万历三十二年（1604），有一位老医生驯养了一头大角鹿，给它的蹄趾装上铁套，在鹿身上安置马鞍，用笼头套住鹿头，骑着它出门行医，鹿角上挂上葫芦药瓮，根据病人的病情卖药，病人服药后能马上痊愈。我父亲见了非常喜欢，想买下这头鹿，老人欣然允诺，愿意解开绳索赠给父亲，父亲最后用三十金买得。五月初一是祖父寿辰，祖父身形伟岸，骑上这头鹿走了几百步，鹿就停下来不住喘气，从这以后祖父就常命小童子牵着鹿，一起游山玩水。第二年，祖父到云间去，解下绳子把鹿赠给陈眉公。陈眉公身体瘦弱，鹿驮着他可以行走二三里地，陈眉公非常高兴。

羽衣，往来于长堤深柳之下，见者啧啧，称为“谪仙”。后眉公复号“麋公”者，以此。

后来陈眉公把鹿带到西湖六桥和灵隐寺之间，头戴竹帽身穿道服，骑着鹿往来于长堤深柳之下，看见的人啧啧称奇，称他为“谪仙”。后来陈眉公又自号“麋公”，就是这个缘由。

扬州清明

原文

扬州清明，城中男女毕出，家家展墓。虽家有数墓，日必展之。故轻车骏马，箫鼓画船，转折再三，不辞往复。监门小户亦携肴核纸钱，走至墓所，祭毕，则席地饮胙。自钞关、南门、古渡桥、天宁寺、平山堂一带，靓妆藻野，袨服缛川。随有货郎，路旁摆设古董古玩并小儿器具。博徒持小杌坐空地，左右铺衵衫半臂、纱裙

译文

清明节这天，扬州城里的男男女女全部都出城扫墓。即使家里有好几处墓要扫，一天之内也要全部祭扫完。因此人们或坐车，或骑马，或坐吹箫打鼓的画船，交通工具多次更换，不辞辛苦地前去扫墓。平民百姓也携带菜肴、干果、纸钱，走到墓地，祭拜之后，就席地而坐进行野餐。从钞关、南门、古渡桥、天宁寺到平山堂一带，人们打扮得漂漂亮亮，田野仿佛被靓妆打扮一番，

汗帨、铜炉锡注、瓷瓯漆奁，及肩彘鲜鱼、秋梨福橘之属，呼朋引类，以钱掷地，谓之“跌成”；或六或八或十，谓之“六成”“八成”“十成”焉。百十其处，人环观之。是日，四方流寓及徽商西贾、曲中名妓，一切好事之徒，无不咸集。长塘丰草，走马放鹰；高阜平冈，斗鸡蹴踘；茂林清樾，劈阮弹筝。浪子相扑，童稚纸鸢，老僧因果，瞽者说书。立者林林，蹲者蛰蛰。日暮霞生，车马纷沓。宦门淑秀，车幕尽开，婢媵倦归，山花斜插，臻臻簇簇，夺门而入。余所见者，惟西湖春、秦淮夏、虎丘秋，差

人们身着黑色礼服，遍布山川。路边随时随地都有货郎，在路旁摆摊叫卖古董古玩以及小孩玩具。赌徒拿着小凳子坐在空地上，旁边摆放着短袖、衬衣、纱裙和佩巾、铜炉和锡壶、瓷碗和梳妆奁、猪肘子和鲜鱼、秋梨和橘子之类的东西，招呼朋友吸引赌客，把钱掷到地上，吸引人来玩“跌成”的赌局；赌徒有的出六钱、八钱或十钱，称为“六成”“八成”“十成”。路上这样的赌局有一百多处，很多人围观。这一天，四方漂泊的外乡人及徽商、晋商、勾栏里的名妓，所有的好事之徒，无不聚集起来。人们在长塘青草上，骑马放鹰；在高山平冈之间，斗鸡踢球；在幽静的茂林中，弹奏乐器。浪子们玩着摔跤，儿童们放着纸鸢，老和尚给人算命，盲人说书。无论是站立着的，还是蹲在地上的人，数不胜数。等到

足比拟。然彼皆团簇一块，如画家横披；此独鱼贯雁比，舒长且三十里焉，则画家之手卷矣。南宋张择端作《清明上河图》，追摹汴京景物，有西方美人之思，而余目盱盱，能无梦想。

傍晚彩霞铺满天空，路上的车马就多起来了。车上的官宦家的女眷们，卷起车帘帷幕，带着疲倦的婢女们返回城中，她们把山花斜插在头上，团团簇簇，拥挤着进了城门。我所见到的这番景象，只有春天的西湖畔、夏天的秦淮河边、秋天的虎丘山上，才可以和扬州清明时相比。然而那些地方景色都团簇在一起，就像画家的横批；而扬州这里清明时节的景象像鱼贯而入、雁列一队，舒展开有三十里长，就像画家的手卷。南宋张择端画了《清明上河图》，追忆临摹汴京的景物，满是思念故土之情，而我仔细观赏扬州清明祭扫的景象，怎么能没有这种感情呢？

金山竞渡

·原文·

看西湖竞渡十二三次，己巳竞渡于秦淮，辛未竞渡于无锡，壬午竞渡于瓜州，于金山寺。西湖竞渡，以看竞渡之人胜，无锡亦如之。秦淮有灯船无龙船，龙船无瓜州比，而看龙船亦无金山寺比。瓜州龙船一二十只，刻画龙头尾，取其怒；旁坐二十人，持大楫，取其悍；中用彩篷，前后旌幢绣伞，取其绚；撞钲挝鼓，取其节；艄后列军器一架，取其锷；龙头上一人足倒竖，敁敠其上，取其危；龙尾挂一小儿，取其险。自五月初一至十五，

·译文·

我观看西湖赛龙舟已有十二三次，崇祯二年（1629）在秦淮河上观看赛龙舟，崇祯四年（1631）在无锡看赛龙舟，崇祯十五年（1642）在金山寺看瓜州的赛龙舟。西湖赛龙舟，以观看人数众多而闻名，无锡那边也是如此。秦淮河上没有龙船而只有灯船，瓜州的龙船最好看，所以看龙船最好还是要去金山寺。瓜州有一二十只龙船，在船身刻画了龙头龙尾，展现了龙的威严；在船内坐有二十个人，他们手持大的船桨，展现了他们的彪悍勇猛；船的中间搭起彩篷，前后旌幢绣伞飘扬，展现了龙船的绚丽；锣鼓铿锵，展现了龙船的节奏；船艄后面排列一架兵器，展现了龙船的锋芒；龙头上一个人倒立着，展现了龙船的危险；龙尾挂着一个小孩，展现了龙船的惊险。从五月初一到十五这些日子，龙船每天在固定的地方巡游。初五从金

日日画地而出。五日出金山，镇江亦出。惊湍跳沫，群龙格斗，偶堕洄涡，则百蛣捷捽，蟠委出之。金山上人团簇，隔江望之，蚁附蜂屯，蠢蠢欲动。晚则万艓齐开，两岸沓沓然而沸。

山出发，镇江也有龙船同时发出。水流湍急，浪花横飞，群龙争先，偶尔碰到漩涡，船工便像蟾蜍一样在水中挣扎，盘旋而脱离漩涡。金山上的人团团簇簇，在江对岸看过去，就像蠢蠢欲动的蚂蚁和蜜蜂一般聚在一起。等到晚上就会万船齐发，两岸人声鼎沸，非常壮观。

刘晖吉女戏

· 原文 ·

女戏以妖冶恕，以啴缓恕，以态度恕，故女戏者全乎其为恕也。若刘晖吉则异是。刘晖吉奇情幻想，欲补从来梨园之缺陷。如《唐明皇游月宫》，叶法善作，场上一时黑魆地暗，手起剑落，霹雳一声，黑幔忽收，露出一月，其圆如规，四下以羊角染五色云气，中坐常仪，桂树吴刚，白兔捣药。轻纱幔之，内燃"赛月明"数株，光焰青黎，色如初曙，撒布成梁，遂蹑月窟，境界神奇，忘其为戏也。其他如舞灯，十数人手携一灯，忽隐忽现，怪幻百出，匪夷所思，令唐明皇见之，亦必目睁口开，谓氍毹场中那得

· 译文 ·

女戏的演员需要揣摩剧中人物妖艳的外貌、和缓的语调、女人的心态，所以女戏演员功力就在于怎么去揣摩了。刘晖吉却不是这样，他奇思妙想，想要填补长期以来戏曲界的缺陷。比如叶法善写的《唐明皇游月宫》戏中：场上一会漆黑一片，突然演员手起剑落，发出一声霹雳般的响声，黑幔忽然收起，露出一轮圆月，四周用羊角灯渲染出的五色云气慢慢喷出，嫦娥在正中危坐，吴刚砍着桂花树，白兔捣着药。轻纱幔里，点燃起几株"赛月明"的焰火，发出青黎色的光芒宛如曙光，抖起白布形成桥梁，于是唐明皇就蹑手蹑脚进入了月宫，营造的舞台境界非常神奇，观众都忘记这是在看戏。其他的奇思妙想还有舞灯：十多个人手提一盏灯，在幕布后忽隐忽现，奇幻百出，让

如许光怪耶！彭天锡向余道："女戏至刘晖吉，何必男子！何必彭大！"天锡曲中南、董，绝少许可，而独心折晖吉家姬，其所鉴赏，定不草草。

人觉得不可思议，如果唐明皇见到这番景象，也必然会目瞪口呆，奇怪在戏曲舞台上怎么会出现这样光怪陆离的景象！彭天锡对我说："女戏到了刘晖吉这里，何必男子！何必彭大！"彭天锡是戏曲界的大师，很少认可其他人的表演，唯独对刘晖吉教的女伶表示欣赏，他的鉴赏评价，那肯定不是草率就下的。

扬州瘦马

·原文·

扬州人日饮食于瘦马之身者数十百人。娶妾者切勿露意，稍透消息，牙婆驵侩咸集其门，如蝇附膻，撩扑不去。黎明，即促之出门，媒人先到者先挟之去，其余尾其后，接踵伺之。至瘦马家，坐定，进茶，牙婆扶瘦马出，曰："姑娘拜客。"下拜。曰："姑娘往上走。"走。曰："姑娘转身。"转身向明立，面出。曰："姑娘借手睄睄。"尽褫其袂，手出、臂出、肤亦出。曰："姑娘睄相公。"转眼偷觑，眼出。曰："姑娘几岁？"曰几岁，声出。曰："姑娘再走走。"以手拉其裙，趾出。然看趾有法，凡出门

·译文·

在扬州，每天靠买卖身材苗条如瘦马的年轻女子给达官贵人做妾而营生的有几十上百人。如果有人想要娶妾，一定不要声张，只要稍微透露一些消息出去，媒人就会蜂拥而至，就像苍蝇飞到腐肉上，赶也赶不走。天刚亮，这些媒人就会催促那些想要纳妾的客人出门，先到的媒人会先带着人离开，其余的媒人尾随其后，在旁随时准备伺候。等到了年轻、身材苗条的女子家，刚坐下来喝茶，媒人就扶着"瘦马"（年轻苗条的女子）出来，说："姑娘拜客。"年轻女子应声下拜。媒人接着说："姑娘往上走。"年轻女子就向前走。媒人说："姑娘转身。"年轻、身材苗条的女子就转过身，立在光线明亮处，展现出面容长相。媒人说："姑娘伸手给客人看看。"年轻女子就把袖子全部撸起来，露出双手、双臂和肌肤。媒人继续说："姑娘瞧瞧相公。"年轻女子就转动眼珠偷觑一眼男子，露出眼睛。媒人问道："姑娘多大年纪？"

裙幅先响者，必大；高系其裙，人未出而趾先出者，必小。曰："姑娘请回。"一人进，一人又出。看一家必五六人，咸如之。看中者，用金簪或钗一股插其鬓，曰"插带"。看不中，出钱数百文，赏牙婆或赏其家侍婢，又去看。牙婆倦，又有数牙婆踵伺之。一日、二日至

女子就回答多少岁，把声音展现给客人听。媒人说："姑娘再走走。"然后女子就手提裙摆走上几步，这样就露出脚来。看脚也有门道，凡是出门裙幅先发出声响的，女子的脚肯定大；把裙摆提得很高，人还没有动而脚先迈出的，女子的脚就一定小。媒婆最后说："姑娘请回。"于是这个女子就进去，

四五日，不倦亦不尽，然看至五六十人，白面红衫，千篇一律，如学字者，一字写至百至千，连此字亦不认得矣。心与目谋，毫无把柄，不得不聊且迁就，定其一人。

“插带”后，本家出一红单，上写彩缎若干，金花若干，财礼若干，布匹若干，用笔蘸墨，送客点阅。客批财礼及缎匹如其意，则肃客归。归未抵寓，而鼓乐盘担、红绿羊酒在其门久矣。不一刻而礼币、糕果俱齐，鼓乐导之去，去未半里，而花轿、花灯、擎燎、火把、山人、傧相、纸烛、供果、牲醴之属，门前环侍。厨子挑一担至，则蔬果、肴馔、汤点、花棚、糖饼、桌围、坐褥、酒壶、杯箸、龙虎寿星、撒帐牵红、小唱弦索之类，又毕

下一个女子又走出来。看一家必定要见五六个女子，每家都是这样。看中了的，就会用一个金簪或钗插在年轻女子的鬓角上，称为“插带”。看不中的，客人就会拿出几百文钱打赏媒人或她家里的侍婢，再接着去看下一家。一个媒人疲倦了，还会有好几个媒人前来伺候。这些想要纳妾的男子接连一天、两天甚至四五天地相亲，他们都不会觉得疲倦，能看到的女子也是数不清的，然而看过五六十个人以后，女子都是千篇一律的白面红衫，这就和学习写字是一样的，一个字写上成百上千遍，就会连这个字都不认得了。看多了女子，心和眼睛也就不知道如何选择了，不得不暂且凑合，选定其中的一个人。

插带之后，女子本家就会写出一张红纸单，上面写要若干彩缎、金花、财礼、布匹，并用笔蘸墨，给客人过目。如果客人批复同意了红纸单上的财礼、缎匹等的数额，就恭敬地送客人回家。

备矣。不待复命，亦不待主人命，而花轿及亲送小轿一齐往迎，鼓乐灯燎，新人轿与亲送轿一时俱到矣。新人拜堂，亲送上席，小唱鼓吹，喧阗热闹。日未午而讨赏遽去，急往他家，又复如是。

返回的客人还没有到住所，敲锣打鼓的、托盘子的、挑担子的、挂红绿彩缎的、羊、酒等都早在他家门口等候。不一会儿，礼币、糕果备齐，客人随鼓乐队引导前来女子家，还没走到半里路，花轿、花灯、拿火炬的、举火把的、做礼赞的方士、傧相、纸烛、供果、祭牲美酒这些就跟随上来，都到女子家门前环绕起来。厨子也挑着一担东西来了，里面有蔬果、肴馔、汤点、花棚、糖饼、桌围、坐褥、酒壶、酒杯、筷子，龙虎寿星、撒花帐的、牵红花的、唱小曲的、弹丝弦的也都来了，这样就全部准备齐全了。不需要等待什么回复，也不等主人命令，鼓乐声响起、灯燎火把点亮，迎亲的花轿及送亲的小轿就一齐出发，新人的花轿与送亲的小轿同时到了男子家。新人拜完堂，送亲的亲属吃酒席，敲锣打鼓唱小曲，非常热闹。还没到中午，这些人就会讨赏钱马上离开，急着赶往下一家，接下来还是同样的流程。

卷陆

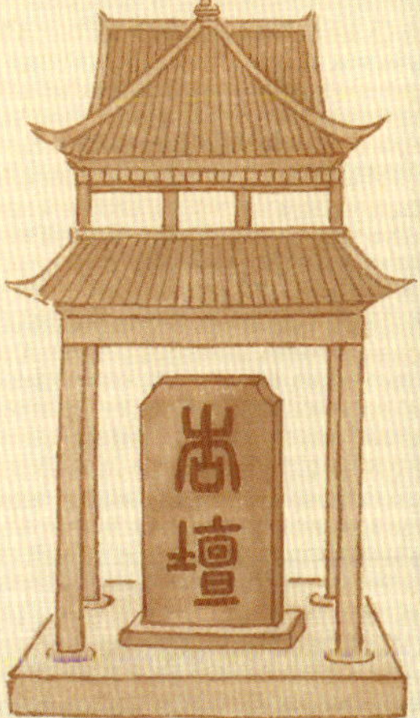

目莲戏

·原文·

余蕴叔演武场搭一大台，选徽州旌阳戏子，剽轻精悍、能相扑跌打者三四十人，搬演目莲，凡三日三夜。四围女台百什座，戏子献技台上，如度索舞絙、翻桌翻梯、觔斗蜻蜓、蹬坛蹬臼、跳索跳圈、窜火窜剑之类，大非情理。凡天神地祇、牛头马面、鬼母丧门、夜叉罗刹、锯磨鼎镬、刀山寒冰、剑树森罗、铁城血澥，一似吴道子《地狱变相》，为之费纸札者万钱，人心惴惴，灯下面皆鬼色。戏中套数，如《招五方恶鬼》《刘氏逃棚》等剧，万余人齐声呐喊。熊太守谓是海寇卒至，惊起，差衙官侦问，余叔自往复之，乃安。台成，叔走笔书二

·译文·

我四叔张烨芳在演武场搭了一个大戏台，从徽州旌阳的戏子中，挑选了三四十个身体强壮灵活、能摔跤打架的，喊他们表演了三天三夜的目莲戏。戏台四周搭建了一百多座小戏台，戏子们在台上献技，表演些如走铁索舞粗绳、翻桌翻梯、筋斗蜻蜓、蹬坛蹬臼、跳索跳圈，窜火窜剑之类的节目，大多是人们想象不到的技艺。还有一些天地神灵、牛头马面、鬼母丧门、夜叉罗刹、锯磨鼎镬、刀山寒冰、剑树森罗、铁城血澥类的场景，就像吴道子《地狱变相》里的景象，为了制作它们花费在扎纸上就有一万多钱，让人看得惴惴不安，从灯下看去全是鬼面鬼色。戏中套路，如《招五方恶鬼》《刘氏逃棚》等剧目，观看的时候下面一万多名观众齐声呐喊。熊太守还以为是海盗来了，惊骇不已，派官差前来打探，我叔叔亲自到太守那里解释，他才放下心来。舞台搭好的时候，叔叔拿笔写了两副对联。一副是："果证幽明，看善

对。一曰："果证幽明，看善善恶恶随形答响，到底来那个能逃？道通昼夜，任生生死死换姓移名，下场去此人还在。"一曰："装神扮鬼，愚蠢的心下惊慌，怕当真也是如此。成佛作祖，聪明人眼底忽略，临了时还待怎生？"真是以戏说法。

善恶恶随形答响，到底来那个能逃？道通昼夜，任生生死死换姓移名，下场去此人还在。"一副是："装神扮鬼，愚蠢的心下惊慌，怕当真也是如此。成佛作祖，聪明人眼底忽略，临了时还待怎生？"这真的是通过戏曲来说佛法啊。

甘文台炉

·原文·

香炉贵适用，尤贵耐火。三代青绿，见火即败坏，哥、汝窑亦如之。便用便火，莫如宣炉。然近日宣铜一炉价百四五十金，焉能办之？北铸如施银匠亦佳，但粗夯可厌。苏州甘回子文台，其拨蜡范沙，深心有法，而烧铜色等分两，与宣铜款致分毫无二，俱可乱真；然其与人不同者，尤在铜料。甘文台以回回教门不崇佛法，乌斯藏渗金佛，见即锤碎之，不介意，故其铜质不特与宣铜等，而有时实胜之。甘文台自言佛像遭劫已七百尊有奇矣。余曰："使回回国别有地狱，则可。"

·译文·

香炉贵在任何时候都适合使用，尤其贵在耐火。夏、商、周三代的青铜器，碰到火就会损坏，宋朝的哥窑、汝窑瓷器也是这样。方便使用同时还能耐火的器物，只有宣德炉了。但是最近听说一只宣德炉开价要一百四五十两银子，这么贵谁能买得起呢？北方铸造的炉子中，施银匠做得还算可以，但是做工粗糙让人厌恶。苏州回民甘文台，他发明的拨蜡范沙法造的炉子，深有心得，而且烧制的铜色和分两，和宣德铸造的铜炉外观分毫不差，足以以假乱真，但是它和宣德炉等铜炉最大的差别，还是在铜料上。甘文台信奉回教而不崇尚佛法，西藏的佛像都是镀金的，他看到这样的佛像就锤碎来，丝毫不介意这是佛像，因此他的铜质和宣德炉的铜质不一样，有的时候还优于宣德炉。甘文台说自己已经损坏了七百多尊佛像。我说："假使回教也有地狱，你才可以这样做。"

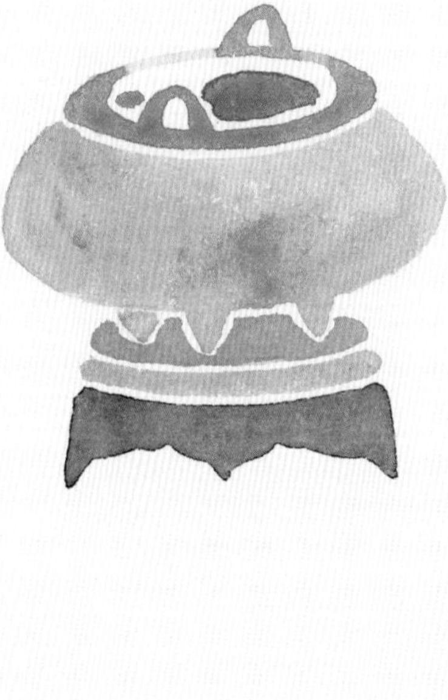

韵山

·原文·

大父至老，手不释卷，斋头亦喜书画、瓶几布设。不数日，翻阅搜讨，尘堆砚表，卷帙正倒参差。常从尘砚中磨墨一方，头眼入于纸笔，潦草作书生家蝇头细字。日晡向晦，则携卷出帘外，就天光爇烛，檠高光不到纸，辄倚几携书就灯，与光俱頫，每至夜分，不以为疲。

常恨《韵府群玉》《五车韵瑞》寒俭可笑，意欲广之。乃博采群书，用淮南“大小山”义：摘其事曰“大山”，摘其语曰“小山”，事语已详本韵而偶寄他韵下曰“他山”，脍炙人口者曰“残山”，总名之曰“韵山”。小字襞积，烟煤残楮，厚如砖块者三百余本。一韵积至十余本，《韵

·译文·

我祖父年纪大了，仍然手不释卷，喜欢在书斋案头布置好书画、瓶几。过不了几天，他翻阅查找书籍，灰尘堆积到砚台表面，各种书卷也摆得乱七八糟。他经常在布满尘土的砚台中磨墨，埋头写字，潦草地书写着一些蝇头小楷。每天下午天色渐晚，他就把书卷带到帘外，就着天色看书，等天黑则点上蜡烛，但蜡烛架太高，纸上灯光昏暗，祖父就倚靠着案几，举着书就着灯光，顺着光线看书，每天都要看到半夜，不知疲倦。

祖父总觉得《韵府群玉》《五车韵瑞》这类书浅陋单薄，想要补写内容。他博览群书，效仿淮南王的“大小山”分类：摘录典故的称为“大山”，摘录语句的称为“小山”，本韵上已经详细摘录过但偶尔出现在其他韵的典故与语句称为“他山”，脍炙人口的称为“残山”，总称为“韵山”。书上字迹密密麻麻，墨汁残纸，像砖块一样厚的笔记有三百余本。每一韵都写了有十多

府》《五车》不啻千倍之矣。正欲成帙，胡仪部青莲携其尊人所出中秘书，名《永乐大典》者，与《韵山》正相类，大帙三十余本，一韵中之一字犹不尽焉。大父见而太息曰："书囊无尽，精卫衔石填海，所得几何！"遂辍笔而止。以三十年之精神，使为别书，其博洽应不在王弇州、杨升庵下。今此书再加三十年，亦不能成，纵成亦力不能刻。笔冢如山，只堪覆瓿，余深惜之。丙戌兵乱，余载往九里山，藏之藏经阁，以待后人。

本，比《韵府》《五车》还要多出上千倍。正要装订成册，胡青莲带来他父亲所在的中秘书里的《永乐大典》，与《韵山》正好相似，一套书有三十多本，和它相比，一韵中里的一个字都好像没有详尽阐述。祖父见后长叹："书籍里的知识无穷无尽，宛如精卫填海，我所做的又有什么用呢！"于是停笔不写。祖父如果用这三十年的精力，去编撰其他类别的书，写出的书会比王弇州（王世贞）、杨升庵（杨慎）写的更为博学。现在这本书即使再花三十年时间，也不能写成，纵使写成也没有能力刻印出来。祖父写坏的毛笔堆积如山，却没有发挥其价值，我深感可惜。顺治三年（1646）战乱四起，我把这些书运到九里山，藏在藏经阁中，以待后人整理。

天童寺僧

·原文·

戊寅，同秦一生诣天童访金粟和尚。到山门，见万工池绿净，可鉴须眉，旁有大锅覆地，问僧，僧曰："天童山有龙藏，龙常下饮池水，故此水刍秽不入。正德间，二龙斗，寺僧五六百人撞钟鼓撼之，龙怒，扫寺成白地，锅其遗也。"入大殿，宏丽庄严。折入方丈，通名刺。老和尚见人便打，曰"棒喝"。余坐方丈，老和尚迟迟出，二侍者执杖、执如意先导之，南向立，曰："老和尚出。"又曰："怎么行礼？"盖官长见者皆下拜，无抗礼，余屹立不动，老和尚下行宾主礼。侍者又曰："老和尚怎么坐？"余又屹立不动，老和尚肃余坐，坐定，余曰："二

·译文·

崇祯十一年（1638），我同秦一生到天童寺拜访金粟和尚。到了山门这里，只见万工池池水碧绿干净，在水边可以照见到自己的胡须和眉毛，旁边地上倒扣着一口大锅，我们问旁边的僧人是做什么的，僧人回答道："天童山里有龙，龙经常下山喝这里的池水，因此这里的水非常干净。正德年间，两条龙在这里争斗，寺里五六百个僧人都去撞钟打鼓想要吓走它们，龙生气了，把寺院夷为平地，锅就是那时遗留下来的。"我们走入大殿，这里宏伟庄严。拐进方丈住的院落，递上名帖。老和尚见人就打，说这是"棒喝"。我坐下等待，老和尚迟迟而出，两个侍者一人执杖、一人执如意在前面开路，他们向南站定，叫道："老和尚出来啦。"他们又说道："怎么不行礼？"原来官员和长者见到老和尚都要下拜，没有不这样行礼的，唯独我屹立不动，老和尚只好下来行

生门外汉，不知佛理，亦不知佛法，望老和尚慈悲，明白开示。勿劳棒喝，勿落机锋，只求如家常白话，老实商量，求个下落。”老和尚首肯余言，导余随喜。早晚斋方丈，敬礼特甚。余遍观寺中僧匠千五百人，俱舂者、碓者、磨者、甑者、汲者、爨者、锯者、劈者、菜者、饭者，狰狞急遽，大似吴道子一幅《地狱变相》。老和尚规矩严肃，常自起撞人，不止“棒喝”。

宾主之礼。侍者又说：“老和尚怎么不坐下？”我还是屹立不动，老和尚只好请我坐下。落座后，我说：“我们两人都是门外汉，不懂佛理，也不知佛法，希望大师慈悲为怀，明示佛法。不用劳烦侍者拿棍棒吆喝，也不要说话针锋相对，只求像聊家常一样直白，诚心探讨，求个明白。”老和尚点头答应下来，然后领着我们参观寺院。我们在方丈这里早晚吃斋，众僧对我们非常恭敬。我看寺中有一千五百多个僧匠，有舂粮食的、捣米的、推磨的、蒸饭的、打水的、烧火的、锯木头的、劈柴的、种菜的、做饭的，相貌狰狞，走起路来急急忙忙，很像吴道子的一幅《地狱变相》画里的情景。老和尚规矩严格，经常亲自起来打人，不只是“棒喝”。

水浒牌

· 原文 ·

古貌、古服、古兜鍪、古铠胄、古器械，章侯自写其所学所问已耳。而辄呼之曰“宋江”，曰“吴用”，而“宋江”“吴用”亦无不应者，以英雄忠义之气，郁郁芊芊，积于笔墨间也。周孔嘉丐余促章侯，孔嘉丐之，余促之，凡四阅月而成。余为作缘起曰：“余友章侯，才足掞天，笔能泣鬼，昌谷道上，婢囊呕血之诗；兰渚寺中，僧秘开花之字。兼之力开画苑，遂能目无古人，有索必酬，无求不与。既蠲郭恕先之癖，喜周贾耘老之贫，画《水浒》四十人，为孔嘉八口计，遂使宋江兄弟，复睹汉官威仪。伯益考著《山海》

· 译文 ·

陈章侯把自己所学所问到的古代英雄的相貌、他们穿戴的古代服饰、古代头盔、古代铠胄、古代兵器，一一画出来。把这些酒牌画像称为宋江、吴用等，而画像上的宋江、吴用就仿佛可以应答一样，他们的英雄、忠义气概，在笔墨之间展现出来。周孔嘉请求我敦促陈章侯尽快完成，有了周孔嘉的请求和我的督促，陈章候只花了四个月就完成了一套水浒牌。我为它的缘起作了一篇文章：“我朋友陈章侯，才足冲天，落笔能泣鬼神，他的诗文宛如昌谷道上骑驴背破囊的李贺写下的呕心沥血之作；他的书法，犹如兰渚寺中僧人秘藏的《兰亭集序》上的文字，能使大地开花。他还有能力开办画苑，因此才能目无古人，有求字画的也会答应人家，如果不诚恳请求，也不会随意赠予他人。这样的行为既彰显了郭忠恕那样的癖好，又像苏东坡那样，喜欢周济贾耘老一样

遗经，兽毨鸟氄皆拾为千古奇文；吴道子画《地狱变相》，青面獠牙，尽化作一团清气。收掌付双荷叶，能月继三石米，致二斗酒，不妨持赠；珍重如柳河东，必日灌蔷薇露，薰玉蕤香，方许解观。非敢阿私，愿公同好。”

的穷朋友。他画《水浒传》里四十个英雄的画像，为的是帮助周孔嘉家里的八口人，于是就用宋江兄弟为题材，让人再次领略汉族官员的威仪。伯益考写的《山海》遗经里，就连描写鸟兽的片羽毛发都可称为千古奇文；吴道子画的《地狱变相》，青面獠牙的鬼怪也都看上去化作一团清气。把陈章侯的画作收藏下来，如果有人每月愿拿出三石米、二斗酒，就不妨把这些画赠送给需要的人；希望你能珍重这副酒牌，像柳宗元那样，每天洗净双手、熏香后，再去观赏。我不敢私自收藏这样的好东西，希望和大家一起欣赏。”

烟雨楼

·原文·

嘉兴人开口烟雨楼，天下笑之，然烟雨楼故自佳。楼襟对莺泽湖，涳涳蒙蒙，时带雨意，长芦高柳，能与湖为浅深。湖多精舫，美人航之，载书画茶酒，与客期于烟雨楼。客至，则载之去，舣舟于烟波缥缈。态度幽闲，茗炉相对，意之所安，经旬不返。舟中有所需，则逸出宣公桥、甪里街，果蓏蔬鲜，法膳琼苏，咄嗟立办，旋即归航。柳湾桃坞，痴迷伫想，若遇仙缘，洒然言别，不落姓氏。间有倩女离魂，文君新寡，亦效颦为之。淫靡之事，出以风韵，习俗之恶，愈出愈奇。

·译文·

嘉兴人开口就会夸赞自家的烟雨楼，天下人笑话他们自恋。然而烟雨楼确实是景色优美。烟雨楼与莺泽湖相对而望，水色涳蒙，常带着一股下雨的意味，岸边长长的芦苇和高大的柳树，从湖面上的倒影可以看出湖水的深浅。莺泽湖上有很多精美的画舫，美人坐着画舫游玩，船上载有书画茶酒，到烟雨楼来和客人相会。客人到了烟雨楼，美人就会载着他离去，泊船于烟波缥缈之处。煮茶相对而坐，意态悠闲，随意安坐，流连忘返。船上如果有需要临时买的东西，就划到宣公桥、甪里街，那里有瓜果蔬菜，美酒佳肴，立刻就可以买到，买好后立即返航。我在柳湾桃坞伫立幻想，如果碰到美如天仙的有缘之人，我可以潇洒告别，不问姓名。在这里也偶尔会有少女怀春如倩女离魂，新寡少妇寻欢就像卓文君

和司马相如一样，这也只是东施效颦才会做的事情。这些淫靡之事，以风雅而富有情韵的面貌出现，这些不好的习俗，越传越离奇了。

朱氏收藏

·原文·

朱氏家藏，如龙尾觥、合卺杯，雕镂锲刻，真属鬼工，世不再见。余如秦铜汉玉、周鼎商彝、哥窑倭漆、厂盒宣炉、法书名画、晋帖唐琴，所畜之多，与分宜埒富，时人讥之。余谓博洽好古，犹是文人韵事。风雅之列，不黜曹瞒，鉴赏之家，尚存秋壑。诗文书画未尝不抬举古人，恒恐子孙效尤，以袖攫石、攫金银以赚田宅，豪夺巧取，未免有累盛德。闻昔年朱氏子孙，有欲卖尽"坐朝问道"四号田者，余外祖兰风先生谑之曰："你只管坐朝问道，怎不管垂拱平章？"一时传为佳话。

·译文·

朱相国喜好收藏，收藏的龙尾觥、合卺杯，雕镂锲刻，真是鬼斧神工，世上再也看不到这样的东西。其他的像秦铜汉玉、周鼎商彝、哥窑瓷器、日本漆器、厂盒、宣炉、法书、名画、晋帖、唐琴，藏品很多，财富可以与严嵩相媲美，招致人们的讥讽。我认为博学而喜好古董，属于文人韵事。在风流雅士之中，曹操也可以排得上名号；鉴赏行家里，贾似道也有一席之地。我们从来都是称赞诗文书画的精良优美，却不会去吹捧古人的言行，时间长了就怕子孙后代们效仿，只知道攫取金银玉石来赚取田宅，巧取豪夺，难免会使祖先们的德行蒙羞。我听闻当年朱家子孙里，有人想把"坐朝问道"四号田全部卖掉，我外祖张兰风先生开玩笑地说："你只管坐朝问道，怎么不去管一下垂拱平章？"一时传为佳话。

仲叔古董

·原文·

葆生叔少从渭阳游，遂精赏鉴。得白定炉、哥窑瓶、官窑酒匜，项墨林以五百金售之，辞曰：“留以殉葬。”癸卯，道淮上。有铁梨木天然几，长丈六、阔三尺，滑泽坚润，非常理。淮抚李三才百五十金不能得，仲叔以二百金得之，解维遽去。淮抚大恚怒，差兵蹑之，不及而返。庚戌，得石璞三十斤，取日下水涤之，石罅中光射如鹦哥祖母，知是水碧，仲叔大喜。募玉工仿朱氏龙尾觥一，合卺杯一，享价三千，其余片屑寸皮，皆成异宝。仲叔赢资巨万，收藏日富。戊辰后，倅姑熟，

·译文·

葆生叔年少时跟随他舅舅朱敬循游历学习，学会了鉴赏古物，并且非常精通。他后来得到了白定炉、哥窑瓶、官窑酒器等古董，收藏家项墨林想要用五百两银子购买，他推辞道：“我要留着这些东西殉葬。”万历三十一年（1603），葆生叔路过淮上，看到一张铁梨木做成的案几，长有一丈六、宽约三尺，摸上去手感滑泽坚润，纹理清晰。当时的淮上巡抚李三才用一百五十两银子都没有买到，葆生叔花二百两银子才买到，然后赶紧开船离开。李三才非常生气，派兵追赶，却没有追上葆生叔，那些士兵只好返回了。万历三十八年（1610），葆生叔又觅得一块三十斤重的石璞，在太阳下用清水洗涤，石缝里透出宛如鹦哥绿、祖母绿一般的光芒，才知道这是碧玉，仲叔非常高兴。招募玉石工匠仿做了一件朱氏龙尾觥、一件合卺杯，这些东西价值三千两银子，剩下的玉

倅姑苏，寻令盟津。河南为铜薮，所得铜器盈数车，美人觚一种，大小十五六枚，青绿彻骨，如翡翠、如鬼眼青，有不可正视之者。归之燕客，一日失之。或是龙藏收去。

石边角料，也都做成了奇珍异宝。我叔叔就这样赚了很多钱，他的藏品也日渐丰富起来。崇祯元年（1628），葆生叔先后在当涂县、苏州当副长官，后来升任盟津县令。河南盛产铜器，他在那边收藏得到的铜器有好几车，还有十五六只大大小小的美人觚，青翠碧绿，像翡翠，又如鬼眼青，有一种凛然不可正视的感觉。后来这些藏品都落到北方人手里，一日之中就不见了，有人说是龙藏寺收去了。

鲁府松棚

·原文·

报国寺松，蔓引亸委，已入藤理。入其下者，蹒跚局蹐，气不得舒。鲁府旧邸二松，高丈五，上及檐甃，劲竿如蛇脊，屈曲撑距，意色酣怒，鳞爪拿攫，义不受制，鬣起针针，怒张如戟。旧府呼“松棚”，故松之意态情理无不棚之，便殿三楹，盘郁殆遍，暗不通天，密不通雨。鲁宪王晚年好道，尝取松肘一节，抱与同卧，久则滑泽酣酡，似有血气。

·译文·

报国寺里有棵松树，枝蔓盘曲下垂，已被藤蔓缠绕压迫。走到松树下，你会感到局促狭窄，透不过气。鲁府旧宅也有两棵松树，高有五丈，树顶和屋檐平齐，枝干苍劲有力，宛若蛇脊，弯曲伸展，仿佛在对人发怒一般，张牙舞爪，想要脱离控制的样子，松针根根立起，像戟一样发怒张开。旧府把这叫“松棚”，这里包含了松树全部意态情理。鲁王府便殿的三间屋子，都被松枝盘旋围绕，阴暗得看不见天色，密得可以挡雨。鲁宪王晚年痴迷道教，曾经抱着一节松树枝干睡觉，时间长了，这节枝干光滑润泽微微发红，好像有血气一般。

一尺雪

·原文·

"一尺雪"为芍药异种，余于兖州见之。花瓣纯白，无须萼，无檀心，无星星红紫，洁如羊脂，细如鹤翮，结楼吐舌，粉艳雪腴。上下四旁方三尺，干小而弱，力不能支，蕊大如芙蓉，辄缚一小架扶之。大江以南，有其名无其种，有其种无其土，盖非兖勿易见之也。

兖州种芍药者如种麦，以邻以亩。花时宴客，棚于路、彩于门、衣于壁、障于屏、缀于帘、簪于席、茵于阶者，毕用之，日费数千勿惜。余昔在兖，友人日剪数百朵送寓所，堆垛狼藉，真无法处之。

·译文·

"一尺雪"是芍药里的特殊品种，我在兖州见过这种花。它的花瓣纯白，没有须萼，没有淡红色的花蕊，没有星星点点的红紫色，洁白如羊脂，纤细如鹤翎管，像楼层一样重重叠起，中间吐出花蕊，艳丽丰腴。整株花上下四周仅三尺大小，茎干弱小，看上去仿佛不能撑起上面的花朵一般，花蕊和芙蓉花一般大，养花人在旁边绑着花架撑起花朵。长江以南的地区，人们常闻其名却很少能获得它的花种，或者获得花种却又没有特殊的土壤来种植它，大概这就是在兖州之外很少看到它的原因吧。

兖州种植芍药的人像种麦子一样，种植芍药的田地相互连接，面积以亩计算。开花的时候宴请客人观赏，

在路边搭起棚子，门上结彩的地方，墙壁上挂衣服的地方，用于隔断的屏风上，窗帘的点缀上，席间摆放的插花，台阶上铺着的草上，都用芍药装饰，每天用掉几千朵花都不吝惜。我在兖州的时候，朋友每天送几百朵花到我住的地方，堆放在一起，一片狼藉，我不知道该如何处理。

曹山

·原文·

万历甲辰，大父游曹山，大张乐于狮子岩下。石梁先生戏作山君檄讨大父，祖昭明太子语，谓若以管弦污我岩壑。大父作檄骂之，有曰："谁云鬼刻神镂，竟是残山剩水！"石篑先生嗤石梁曰："文人也，那得犯其锋！不若自认，以'残山剩水'四字摩崖勒之。"先辈之引重如此。

曹石宕为外祖放生池，积三十余年，放生几百千万，有见池中放光如万炬烛天，鱼虾荇藻附之而起，直达天河者。余少时从先宜人至曹山庵作佛事，以大竹篰贮西瓜四，浸宕内。须臾，大声起岩下，水喷起十余丈，三小舟缆断，颠翻波中，冲击几碎。舟人急起视，见大鱼如舟，口欱四瓜，掉尾而下。

·译文·

万历三十二年（1604），我的祖父到曹山游玩，在狮子岩下大肆进行器乐表演。石梁先生陶奭龄开玩笑，以山神的口吻写了一篇檄文声讨我的祖父，借昭明太子萧统的话说："你们这些人用管弦之声污损我的岩壑。"祖父也写檄文大骂他，写道："谁说这里的岩壑是鬼斧神工，全是人造的残山剩水！"陶望龄先生嘲笑他的弟弟陶奭龄先生道："大家都是文人，何必要针锋相对！还不如认输，把'残山剩水'四字刻字摩崖石壁上。"由此事可以看出先辈们都是这样地互相推重。

我的外祖父一直把曹石宕作为放生池，前后在这里放生有三十多年，放生了成千上万的动物，有人曾经看到过池中放光宛如无数火把照亮了天空，水中在荇藻中生活的

鱼虾攀附光亮而起，一直飞到天河上。我年少时，跟随母亲到曹山庵办佛事，用大竹篓装着四个西瓜浸泡在曹石宕里，不一会儿，岩下发出很大的声响，喷起十多丈高的水，把三条小船的缆绳冲断，小船在波浪里颠翻，几乎被撞碎了。船家急忙起身观察，只见一条像船一样大的大鱼出现在水中，它衔着我先前放入的西瓜，摇摇尾巴就又沉入水中。

齐景公墓花樽

·原文·

霞头沈佥事宦游时，有发掘齐景公墓者，迹之，得铜豆三，大花樽二。豆朴素无奇。花樽高三尺，束腰拱起，口方而敞，四面戟楞，花纹兽面，粗细得款，自是三代法物。归乾阳刘太公，余见赏识之，太公取与严，一介不敢请。及宦粤西，外母归余斋头，余拂拭之，为发异光。取浸梅花，贮水，汗下如雨，逾刻始收，花谢结子，大如雀卵。余藏之两年，太公归自粤西，稽复之，余恐伤外母意，亟归之。后为驵侩所啖，竟以百金售去，可惜！今闻在歙县某氏家庙。

·译文·

霞头沈佥事当官外出游玩时，发现有挖掘齐景公墓的人，一路跟踪，从那人手里得到三个铜豆器皿，两个大花樽。铜豆样式朴素无奇，青铜花樽高有三尺，中间束腰的地方拱起，瓶口方正敞亮，四面有棱有角，外面雕刻的兽面花纹，线条粗细恰当，是夏、商、周时期的器物。后来这些古董流转到乾阳刘太公手里，我见到了就想把玩一番，然而刘太公对这些古董管得很严，我一直不敢向他提出请求。等到刘太公去广西做官，岳母从他那里取来花樽，放到我的书房，我仔细地拂拭花樽，它就显得光彩熠熠。我把梅花插在花樽里，往里面灌水，梅花就不停地滴水，过了一会儿才停止住，梅花谢了后还结出籽，大小宛如鸟蛋。我收藏花樽有两年，刘太公从广西回来了，赶来检查他的宝贝，我怕岳母为难，就马上归还给他。后来被人花言巧语所骗，竟然被人出一百两银子买去，可惜啊！我如今听说花樽在歙县某姓氏的家庙里放着。

卷柒

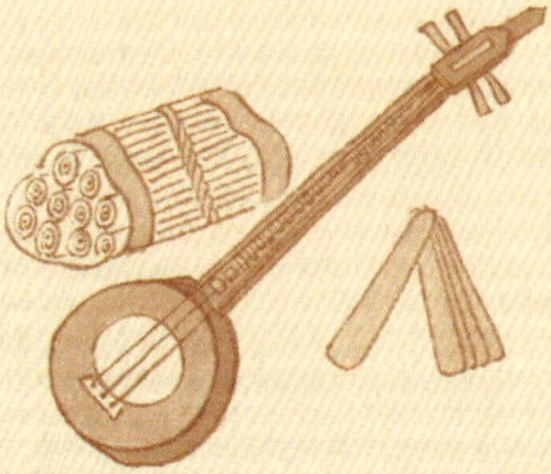
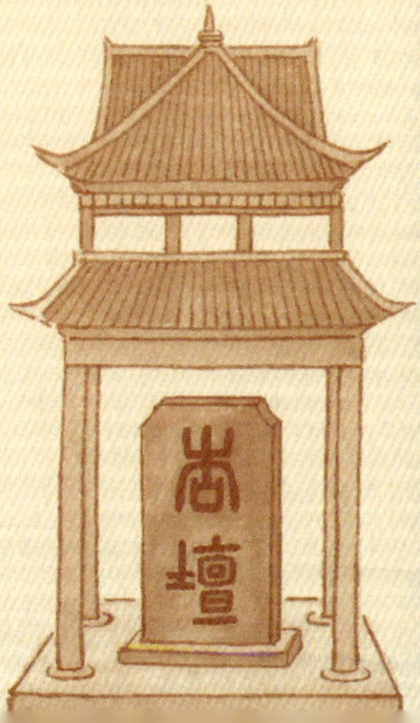

西湖香市

·原文·

西湖香市，起于花朝，尽于端午。山东进香普陀者日至，嘉、湖进香天竺者日至，至则与湖之人市焉，故曰香市。然进香之人市于三天竺，市于岳王坟，市于湖心亭，市于陆宣公祠，无不市，而独凑集于昭庆寺。昭庆寺两廊故无日不市者，三代八朝之古董，蛮夷闽貊之珍异，皆集焉。

至香市，则殿中边甬道上下、池左右、山门内外，有屋则摊，无屋则厂，厂外又棚，棚外又摊，节节寸寸。凡胭脂簪珥、牙尺剪刀，以至经典木鱼、伢儿嬉具之类，无不集。此时春暖，桃柳明媚，鼓吹清和，岸无留船，

·译文·

西湖香市，始于花朝节，终于端午节。这期间，每日都有人从山东前往普陀山进香，也有嘉兴府、湖州府到天竺寺进香的游客每天到来，与西湖边的人一起做香料买卖，这个集市因此称为香市。这些进香之人，在三天竺、岳王坟、湖心亭、陆宣公祠进行集市交易，以昭庆寺最为热闹。昭庆寺的两侧长廊里每日都开市，聚集了三代八朝的古董与少数民族地区的珍宝。

到了香市，无论是大殿的两侧、前后走道，放生池左右、山门内外，有屋子的地方便有摊位，没有屋子则搭棚，棚子外面摆摊，连续不断，密密麻麻。但凡胭脂、花粉、发簪、耳环、象牙尺、剪刀，哪怕是佛经、木鱼、小孩的玩具等，均能买到。此时正是春暖花开、桃红柳绿之际，随处均可听见丝竹之声，岸边没有游船，酒店没有停留的客人，酒肆的酒都卖完了。袁宏道在《初至西湖记》

寓无留客，肆无留酿。袁石公所谓“山色如娥，花光如颊，波纹如绫，温风如酒”，已画出西湖三月。而此以香客杂来，光景又别。士女闲都，不胜其村妆野妇之乔画；芳兰芗泽，不胜其合香芫荽之薰蒸；丝竹管弦，不胜其摇鼓欱笙之聒帐；鼎彝光怪，不胜其泥人竹马之行情；宋元名画，不胜其湖景佛图之纸贵。如逃如逐，如奔如追，撩扑不开，牵挽不住。数百十万男男女女、老老少少，日簇拥于寺之前后左右者，凡

中写：“山色如娥，花光如颊，波纹如绫，温风如酒”，恰如其分地描绘出西湖三月的美景。而此时香客聚集，又是一番景象。悠闲的都城仕女不若乡间女子的精心装扮；幽兰的清香比不上路旁野花的香艳；丝竹管弦之乐比不过唢呐吹拉弹唱的热闹；奇异古玩的行情比不上泥人竹马；宋元名画的价格比不过西湖景色图与佛像。人们互相追逐打闹，分不开，劝不住。数百十万男女老少，每日聚集于昭庆寺，这般热闹一直持续到四月。恐怕在长江以东，难以找到第二个热闹如此的地方了。

四阅月方罢。恐大江以东，断无此二地矣。

崇祯庚辰三月，昭庆寺火。是岁及辛巳、壬午洊饥，民强半饿死。壬午虏鲠山东，香客断绝，无有至者，市遂废。辛巳夏，余在西湖，但见城中饿殍舁出，扛挽相属。时杭州刘太守梦谦，汴梁人，乡里抽丰者多寓西湖，日以民词馈送。有轻薄子改古诗诮之曰："山不青山楼不楼，西湖歌舞一时休。暖风吹得死人臭，还把杭州送汴州。"可作西湖实录。

崇祯庚辰年（1640）三月，昭庆寺遭遇火灾。当年、第二年直至第三年杭州爆发饥荒，大半数老百姓被饿死。崇祯壬午年（1642），清军入山东，香客便再也不来杭州了，香市因此而罢。崇祯辛巳年（1641）夏天，我居住在西湖边，看到城中接连不断抬出被饿死的老百姓的尸体。时任杭州太守的是汴梁人刘梦谦，当时有很多他的同乡专门勒索钱财，就住在西湖边，每天用勒索百姓诉讼的钱财向刘太守行贿。有位轻薄文人修改了古诗的字词来暗讽此事："山不青山楼不楼，西湖歌舞一时休。暖风吹得死人臭，还把杭州送汴州。"这可谓如实描述了当时西湖边的情况。

鹿苑寺方柿

·原文·

萧山方柿，皮绿者不佳，皮红而肉糜烂者不佳，必树头红而坚脆如藕者，方称绝品。然间遇之，不多得。余向言西瓜生于六月，享尽天福；秋白梨生于秋，方柿、绿柿生于冬，未免失候。丙戌，余避兵西白山，鹿苑寺前后有夏方柿十数株。六月歊暑，柿大如瓜，生脆如咀冰嚼雪，目为之明，但无法制之，则涩勒不可入口。土人以桑叶煎汤，候冷，加盐少许，入瓮内，浸柿没其颈，隔二宿取食，鲜磊异常。余食萧山柿多涩，请赠以此法。

·译文·

萧山的特产方柿，如果表皮是绿的肯定不好吃，表皮发红但是果肉又糜烂了也不好吃，一定要选树头上红了同时脆得像莲藕的，这样的才是最好吃的绝佳果品。然而这样的柿子只能偶尔遇到，不可多得。我以前说过西瓜生长在六月，真是享尽天福；秋白梨生长在秋天，方柿、绿柿生长在冬天，难免因气候恶劣而长不好。顺治三年（1646），我在西白山躲避兵祸，山上的鹿苑寺前后有十几株夏季的方柿。六月时酷暑难耐，柿子长得像瓜一样大，嚼起来像含着冰雪一样生脆，看一眼都感觉很清爽，但如果没有办法进行加工处理，就会苦涩得不能吃。当地人用桑叶煎汤，等汤冷下来，加入少许盐，倒入瓮里，把柿子浸泡在里面，隔两晚再取出来吃，方柿就会异常新鲜。我吃的萧山柿多是苦涩无比，就把这个去涩的方法告诉大家。

西湖七月半

·原文·

西湖七月半，一无可看，止可看看七月半之人。看七月半之人，以五类看之。其一，楼船箫鼓，峨冠盛筵，灯火优傒，声光相乱，名为看月而实不见月者，看之。其一，亦船亦楼，名娃闺秀，携及童娈，笑啼杂之，环坐露台，左右盼望，身在月下而实不看月者，看之。其一，亦船亦声歌，名妓闲僧，浅斟低唱，弱管轻丝，竹肉相发，亦在月下，亦看月，而欲人看其看月者，看之。其一，不舟不车，不衫不帻，酒醉饭饱，呼群三五，跻入人丛，昭庆、断桥，嘄呼嘈杂，装假醉，唱无腔曲，月亦看，看月者亦看，不看月者亦看，而实无一看者，看之。其一，

·译文·

七月半的西湖，景物没什么好看的，倒是那些七月半的人值得一看。看七月半的人，大体可以分为五类。第一类人，在楼船上吹箫击鼓，戴着士人高冠坐在盛筵前觥筹交错，灯火通明中观赏歌伎表演，声光交错，名义上是在赏月而实际上却并不是看月，这类人可以一看。第二类人，也聚于楼船上，被名妓或大家闺秀环绕，带着相貌清秀的少年，环坐在露台上，在一起玩乐啼笑，左顾右望，他们坐在月下却实际上并不赏月，这类人也可以看。第三类人，也在船上唱歌，他们主要是一些名妓和不做佛事的僧人，小斟低唱，管弦丝竹轻吹低唱，丝竹之声与歌唱声相伴散发，这些人也在月下，也赏月，但是更想让人注意到他们在赏月，这类人也可以看。第四类人，既不坐船也不坐车，衣冠不整，酒足饭饱后吆喝着三五成群，挤入人群，在昭庆寺、断桥这些地方，大呼小叫，假装喝醉了，唱些没腔没调的曲子，他们也赏月，也

小船轻幌，净几暖炉，茶铛旋煮，素瓷静递，好友佳人，邀月同坐，或匿影树下，或逃嚣里湖，看月而人不见其看月之态，亦不作意看月者，看之。

　　杭人游湖，巳出酉归，避月如仇。是夕好名，逐队争出，多犒门军酒钱，轿夫擎燎，

看其他赏月和不赏月的人，但实际上什么也没看，这类人也可以看看。第五类人，他们在小船上罩起薄幔，在干净的案几旁摆好暖炉，茶锅里的茶水刚煮好，静静地互相传递素净的茶杯品茶，与好友佳人邀约一同坐在船上赏月，船有时藏在树下，有时为躲避喧嚣划入里湖，他们是真正赏月之人，而旁人也看不到他们赏月的姿态，他们也不在意其他赏月的人，这类人是值得看看的。

列侯岸上。一入舟，速舟子急放断桥，赶入胜会。以故二鼓以前，人声鼓吹，如沸如撼，如魇如呓，如聋如哑，大船小船一齐凑岸，一无所见，止见篙击篙、舟触舟、肩摩肩、面看面而已。少刻兴尽，官府席散，皂隶喝道去，轿夫叫船上人，怖以关门，灯笼火把如列星，一一簇拥而去。岸上人亦逐队赶门，渐稀渐薄，顷刻散尽矣。

吾辈始舣舟近岸，断桥石磴始凉，席其上，呼客纵饮。此时，月如镜新磨，山复整妆，湖复颒面。向之浅斟低唱者出，匿影树下者亦出，吾

杭州人游西湖，习惯在早上九点出发下午七点回来，躲避月亮宛如躲避仇人一般。七月半这天傍晚喜欢热闹的人成群结队争着出城，他们会多给守门官兵一些酒钱，排列在岸边的轿夫举着火把在那里等着。人一上船，就催促船夫尽快划到断桥，赶赴盛会。因此，二更以前，西湖上人声鼎沸、鼓乐齐鸣，就像沸水滚动，也像撼动山峦一般，像梦中的惊叫和呓语，也好像聋哑人一般听不到外界的声音，大船小船一齐靠岸后，就什么都看不到了，只能看到船篙击打着船篙，船碰着船，人们摩肩接踵，面对面，非常拥挤。过一会儿，游玩尽兴后，官府的筵席结束，衙役大声吆喝开道，官员打道回府，轿夫喊船上的人赶紧上岸，用关城门来恐吓他们，灯笼火把像星星一样散布着，人群簇拥着一起离去。原来在岸上的人也排着队返城，人群渐稀渐少，不一会儿就没多少人了。

辈往通声气，拉与同坐。韵友来，名妓至，杯箸安，竹肉发。月色苍凉，东方将白，客方散去。吾辈纵舟，酣睡于十里荷花之中，香气拍人，清梦甚惬。

这时我们才把船靠岸，断桥的石阶才开始变凉，我们在石阶上铺席而坐，招呼客人畅饮美酒。这时候，月亮宛如刚磨好的铜镜般皎洁、山色如同重新整理过妆容让人眼前一亮、湖面也像重新洗过脸一样焕然一新。刚才那些小斟低唱的人、藏在树下赏月的人都出来了，我们过去互相打招呼，拉他们一起赏月。诗友们来了、名妓也到了，酒杯碗筷摆好了，悠扬的管弦歌声也响了起来。月色苍凉，快要天亮了，客人才各自散去。我们划着船，划入十里荷花之中酣睡，荷花香气袭人，就这样做了一个惬意的美梦。

及时雨

·原文·

壬申七月，村村祷雨，日日扮潮神海鬼，争唾之。余里中扮《水浒》，且曰：画《水浒》者，龙眠、松雪近章侯，总不如施耐庵，但如其面勿黛，如其髭勿鬣，如其兜鍪勿纸，如其杖勿树，如其传勿杜撰，勿弋阳腔，则十得八九矣。于是分头四出，寻黑矮汉，寻梢长大汉，寻头陀，寻胖大和尚，寻茁壮妇人，寻姣长妇人，寻青面，寻歪头，寻赤须，寻美髯，寻黑大汉，寻赤脸长须，大索城中。无则之郭、之村、之山僻、之邻府州县，用重价聘之，得三十六人。梁山泊好汉，个个呵活，

·译文·

崇祯五年（1632）七月大旱，每个村都在祷雨，每天请人扮演潮神海鬼，村民们争先向这些鬼怪吐唾沫。我家乡请人扮演《水浒》里的人物，并且都说："画《水浒》的画家中，龙眠居士、松雪道人和陈章侯的水平接近，但他们画得还是达不到施耐庵描述的那样，如果扮演《水浒》的人，面目不画得青黑，不用马、狮等动物颈上的长毛充当胡须，盔甲不用纸做，不用配以树木做的刀剑手杖，不凭空编造

臻臻至至，人马称娖而行，观者兜截遮拦，直欲看杀卫玠。五雪叔归自广陵，多购法锦宫缎，从以台阁者八：雷部六，大士一，龙宫一，华重美都，见者目夺气亦夺。盖自有台阁，有其华无其重，有其美无其都，有其华重美都，无其思致，无其文理。轻薄子有言："不替他谦了，也事事精办。"

季祖南华老人喃喃怪问余曰："《水浒》与祷雨有何义味？近余山盗起，迎盗何为耶？"余俯首思之，果诞而无谓，徐应之曰："有之。天罡尽，以宿太尉殿焉。用大

他们的故事，不用弋阳腔来唱，那么这个人与《水浒传》中的人物就有八九分像了。"于是大家分头行动，寻找黑矮的汉子、身材高大的汉子、云游的僧人、胖大和尚、身强体壮的妇女、高挑美貌的妇女、脸色青白的人、歪脖子的人、红色胡须的人、漂亮胡须的人、黑大汉、红脸长须的人，在城里到处寻找。如果城里没有找到，就到城外、村镇、偏僻的山村、相邻府县去找，用重金礼聘，最后找到了三十六个符合以上条件的人。这些人扮演梁山泊好汉，个个活灵活现，人员齐备，人马整齐排列着前行，旁观的人围追堵截，真比得上围观美男子卫玠的阵势了。五雪叔从广陵回来，买了很多法锦宫缎，搭建了八座台阁：六座雷部、一座观音大士，一座龙宫，都建得华美豪贵，见到的人都目眩神迷，呼吸都要忘了。自从有了这些华丽的台阁，

牌六，书‘奉旨招安’者二，书‘风调雨顺’者一，‘盗息民安’者一，更大书‘及时雨’者二，前导之。”观者欢喜赞叹，老人亦匿笑而去。

其他的台阁要么布置得同样华丽却没有这般庄重，要么同样精美却没有这般气派，要么同样华丽气派却没有这样精巧用心，没有这般用情用理。有轻浮的人评价说：“不必替他谦虚了，事事都办得很精致。”

叔祖南华老人（张汝懋）听后觉得很奇怪，轻声问我：“《水浒》和祷雨有什么联系呢？我家附近山中有强盗，怎么还要来迎接强盗呢？”我低头沉思，也觉得很荒诞没有道理，只好慢慢回答他说：“有关联啊，天罡星故事，是以宿太尉奉旨招安结束的。招安是用了六块大牌子，两块上面写了‘奉旨招安’，一块写了‘风调雨顺’，一块写了‘盗息民安’，还有两块更大的牌子写了‘及时雨’在最前面引导。”围观的群众者听到我的话欢喜赞叹，南华老人也偷笑着离去。

山艇子

·原文·

龙山自巘花阁而西皆骨立，得其一节，亦尽名家。山艇子石，意尤孤孑，壁立霞剥，义不受土。大樟徙其上，石不容也，然不恨石，屈而下，与石相亲疏。石方广三丈，右坳而凹，非竹则尽矣，何以浅深乎石。然竹怪甚，能孤行，实不藉石。竹节促而虬叶毨毨，如猬毛、如松狗尾，离离矗矗，捎捩攒挤，若有所惊者。竹不可一世，不敢以竹二之。

或曰：古今错刀也。或曰：竹生石上，土肤浅，蚀其根，故轮囷盘郁，如黄山上松。山艇子樟，始之石，中之竹，终之楼。意长楼不得竟其长，故艇之。

·译文·

龙山自巘花阁以西都是山石嶙峋，任意一处山石，都像名家的手笔。山艇子这里的石头，有种孤傲孑立的意态，壁立着受到阳光曝晒，也不愿埋在土里。把大樟树移植到山艇子上，石头堆叠没有地方可以放下，然而大樟树不怨石头，屈居着在一个角落生长，与石头相邻却又疏远。石头占地三丈广，右边平而凹陷下去，如果没有竹子长在这里，就看不出石头是这样的凹凸不平。然而这些竹子也很奇怪，在这里独立生长，并没有依靠石头。竹节短促而枝叶浓密挺拔，像刺猬的毛、松狗尾巴，整齐繁茂，紧紧靠在一起，风吹过来时又簌簌抖动仿佛受到惊吓一般。这些竹子展现出不可一世的姿态，再没有其他竹子能跟这里的相比。

有人说：竹子弯曲而抖动的姿态像古代书法中的金错刀体。也有人说：竹子在石头上生长，土量很少，竹根被腐蚀了，因

然伤于贪，特特向石，石意反不之属，使去丈而楼，壁出樟出，竹亦尽出。竹石间意，在以淡远取之。

此就盘曲着围绕石头生长，像黄山上的松树一样。山艇子的樟树，一开始就长在石头上，后面竹子又长起来，最后樟树又长得像阁楼，高楼都没有它这样长，所以这里就被称为艇。然而樟树因为贪图这边的地势，特地往石头这边生长，石头反而不搭理它，两者相隔一丈远，这样樟树才显得更像阁楼，石头也壁立而出，竹子也才显现出来。竹石相间，在于以淡远相处。

雷殿

·原文·

雷殿在龙山磨盘冈下，钱武肃王于此建蓬莱阁，有断碣在焉。殿前石台高爽，乔木萧疏。六月，月从南来，树不蔽月。余每浴后拉秦一生、石田上人、平子辈坐台上，乘凉风，携肴核，饮香雪酒，剥鸡豆，啜乌龙井水，水凉冽激齿。下午着人投西瓜浸之，夜剖食，寒栗逼人，可雠三伏。林中多鹘，闻人声辄惊起，磔磔云霄间，半日不得下。

·译文·

雷殿在龙山磨盘冈下，这里有块断了的石碑矗立着，上面说钱武肃王曾经在这里兴建蓬莱阁，还有残垣断壁存在。殿前有座高大清爽的石台，乔木稀稀疏疏地在这里生长着。六月的时候，月亮从南边升起，树影遮挡不住月光，照到殿里。我每次洗完澡就会拉上秦一生、石田上人、平子辈到这里来，坐在石台上，乘着凉，带着美食瓜果，喝着香雪洒，剥着鸡豆吃，品着乌龙井水，这里的井水喝起来清凉冽齿。我派人下午把西瓜浸到井水里，晚上剖开西瓜吃，寒气逼人，可以把三伏天的暑气给降了。林中有很多鹘鸟，听到人声就会惊吓得飞起，飞到天上去，半天也不敢下来。

·原文·

天启六年十二月，大雪深三尺许。晚霁，余登龙山，坐上城隍庙山门，李岕生、高眉生、王畹生、马小卿、潘小妃侍。万山载雪，明月薄之，月不能光，雪皆呆白。坐久清冽，苍头送酒至，余勉强举大觥敌寒，酒气冉冉，积雪欲之，竟不得醉。马小卿唱曲，李岕生吹洞箫和之，声为寒威所慑，咽涩不得出。三鼓归寝。马小卿、潘小妃相抱从百步街旋滚而下，直至山趾，浴雪而立。余坐一小羊头车，拖冰凌而归。

·译文·

天启六年（1626）十二月，下了一场大雪，雪深有三尺多。傍晚天放晴后，我登上龙山，坐在城隍庙的山门处，李岕生、高眉生、王畹生、马小卿、潘小妃也陪同我一起观雪景。白雪皑皑，掩盖住了群山，明月照在雪上，月亮反而显得黯淡，眼前只有一片白茫茫的雪色。我们坐久了感到寒冷，老仆人送酒过来给我们，我勉强拿起大杯子喝了一杯酒抵御寒气，酒气升起让人感到暖和，但积雪的寒意又把酒气压下，我竟然没有醉。马小卿

龙山雪

唱起小曲，李岕生吹洞箫伴奏，他们的声音也被寒气震慑住，艰涩得让人几乎听不到。三更时分我们准备回家睡觉。马小卿、潘小妃互相抱着从百步街滚落下来，一直滚到山脚，站起来全身是雪。我坐着一辆小车，拖着满身的冰凌回家了。

品山堂鱼宕

· 原文 ·

二十年前强半住众香国，日进城市，夜必出之。品山堂孤松箕踞，岸帻入水。池广三亩，莲花起岸，莲房以百以千，鲜磊可喜。新雨过，收叶上荷珠煮酒，香扑烈。门外鱼宕，横亘三百余亩，多种菱芡。小菱如姜芽，辄采食之，嫩如莲实，香似建兰，无味可匹。深秋，橘奴饱霜，非个个红绽不轻下剪。季冬观鱼，鱼艓千余艘，鳞次栉比，罱者夹之，罛者扣之，簎者罨之，罾者撒之，罩者抑之，罣者举之，水皆泥泛，浊如土浆。鱼入网者圉圉，漏网者噞噞，寸鲵纤鳞，无不毕出。

· 译文 ·

二十年前我大部分时间住在父亲建的众香国园里，白天进城，晚上回到这里。品山堂上的孤松枝干盘曲，岸边的枝条都垂入水中了。水池大约有三亩地这么大，从岸边到池塘中间种着成片莲花，结了成百上千的莲蓬，鲜嫩可爱。新雨一下，把莲叶的露珠采集起来煮酒，香味浓烈扑鼻。门外鱼塘横跨了三百余亩地，种的大多是菱芡。小菱角宛如姜芽，采来就可以吃，鲜嫩如莲子，清香好似兰花，没有其他味道可以与之匹敌。深秋时节，橘子饱经风霜洗礼，如果不是每个都变红，轻易不去剪下来。冬季看捕鱼，鱼塘上有一千多艘小船，鳞次栉比，捕鱼人用罱夹鱼，用罛扣鱼，用鱼叉刺鱼，撒下网，布下罩，挂着渔网在船头围追堵截，塘底泥土泛起，水混浊如同土浆。被网住的鱼蹦跳着挣扎，漏网的鱼则在水面上张口呼吸，哪怕是一寸长的小鱼，都浮在水面上。捕

集舟分鱼，鱼税三百余斤，赤鱼白肚，满载而归。约吾昆弟，烹鲜剧饮，竟日方散。

鱼结束后，大家集合分鱼，鱼税就要缴纳三百多斤，满船都是红鱼白肚，每条船都满载而回。我约上弟兄们烹着新鲜的鱼，大口喝酒，整整一天才散去。

松花石

·原文·

松花石，大父舁自潇江署中。石在江口神祠，土人割牲飨神，以毛血洒石上为恭敬，血渍毛毵，几不见石。大父舁入署，亲自祓濯，呼为石丈，有《松花石纪》。今弃阶下，载花缸，不称使。余嫌其轮囷臃肿，失松理，不若董文简家茁错二松橛，节理槎枒，皮断犹附，视此更胜。大父石上磨崖铭之曰："尔昔鬣而鼓兮，松也；尔今脱而骨兮，石也；尔形可使代兮，贞勿易也；尔视余笑兮，莫余逆也。"其见宝如此。

·译文·

我祖父从潇江官署中抬回家一块松花石。这块石头原本在江口神祠里，当地人杀牲祭祀神灵时，把毛血洒在石头上以示对神灵的恭敬，血渍浸泡毛发黏连，石头原来的样子已经无法分辨了。祖父命人把石头抬入官署，亲自洗涤污渍，把这块石头称为"石丈"，还写有一篇《松花石纪》。现在这块石头被遗弃在台阶下，上面放着花缸，不被重视。我也嫌它屈曲臃肿，没有任何纹理，不如董文简家的两棵松橛树根，纹理错杂，树皮断了都还附在根上，我认为它们比这块松花石更有收藏价值。祖父在松花石上打磨并刻上铭文："你以前有鬣毛鼓起来，是松树；现在脱落得只剩下骨头，就是石头了；你的形状可以改变，但是坚贞的品格却不会改变；你看我笑了，不要违背我的意思啊。"我祖父就是这样珍视他的宝物。

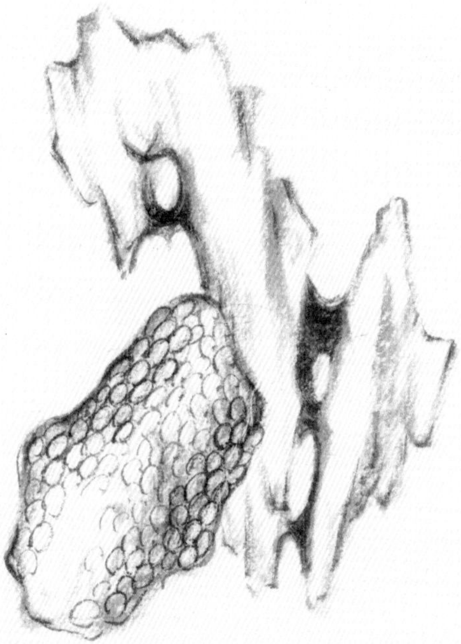

闰中秋

· 原文 ·

崇祯七年闰中秋，仿虎丘故事，会各友于蕺山亭。每友携斗酒、五簋、十蔬果、红毡一床，席地鳞次坐。缘山七十余床，衰童榻妓，无席无之。在席者七百余人，能歌者百余人，同声唱“澄湖万顷”，声如潮涌，山为雷动。诸酒徒轰饮，酒行如泉。夜深客饥，借戒珠寺斋僧大锅，煮饭饭客，长年以大桶担饭不继。命小傒岕竹、楚烟于山亭演剧十余出，妙入情理，拥观者千人，无蚊虻声，四鼓方散。月光泼地如水，人在

· 译文 ·

崇祯七年（1634）闰八月中秋节，我效仿在虎丘赏月的旧事，和众多好友在蕺山亭聚会。每人都携带着一斗酒、五只簋、十个蔬果、一床红毡前来赴会，大家依次席地而坐。靠着山边摆了七十多张席子，每张席子都安排了玩劣丑陋的童子和歌妓。席上有七百多人，擅长唱歌的有一百余人，他们同声高唱“澄湖万顷”，声音好像潮水奔涌，雷鸣震山。很多酒徒聚众狂饮，酒像泉水一样从碗里泼出。夜深了，大家都饿了，于是借了戒珠寺斋僧的大锅，煮饭给大家吃，长工们不停地用大桶担饭。我让戏子岕竹、楚烟在蕺山亭演了十多场戏，他们演得非常精彩，簇拥围观的有上千人，观看的时候大家都很安静，连蚊的叫声都

月中，濯濯如新出浴。夜半，白云冉冉起脚下，前山俱失，香炉、鹅鼻、天柱诸峰，仅露髻尖而已，米家山雪景仿佛见之。

没有，直到四更时才散场。月光如水，泼洒在地上，人在月光映照下，仿佛刚出浴一般。半夜的时候，雾气从山脚下冉冉升腾，把前面的山遮挡起来，香炉峰、鹅鼻山、天柱山这些山峰，只露出若隐若现的山尖，就好像北宋米芾画的雪景一般。

愚公谷

·原文·

无锡去县北五里为铭山。进桥，店在左岸，店精雅，卖泉酒水坛、花缸、宜兴罐、风炉、盆盎、泥人等货。愚公谷在惠山右，屋半倾圮，惟存木石。惠水涓涓，由井之涧，由涧之溪，由溪之池、之厨、之湢，以涤、以濯、以灌园、以沐浴、以净溺器，无不惠山泉者，故居园者福德与罪孽正等。

愚公先生交游遍天下，名公巨卿多就之，歌儿舞女、绮席华筵、诗文字画，无不虚往实归。名士清客至则留，留则款，款则饯，饯则赆。以故愚公之用钱

·译文·

无锡县城向北走五里就到了铭山。过了桥，左岸边有很多精致雅洁的店铺，售卖泉酒水坛、花缸、宜兴罐、风炉、盆罐、泥人等物品。愚公谷在惠山右边，这里的房子大部分已倾倒坍塌，只剩下一些木料和石头。惠水涓涓流出，从井中流经山涧，由山涧流至小溪，又由小溪流至水池，到各家厨房、浴室，用来洗涤、洒扫、浇灌园林、沐浴、洗马桶，都是惠山泉的功劳，所以居住在园中的人福德与罪孽是相等的。

愚公先生交际、游玩足迹遍布天下，有名的公卿大多和他结交，他家中满是歌姬舞女、绮席华筵、诗文字画，客人无不满载而归。名士清客到他家，他不仅会挽留，还要款待，走时还为他们饯行并赠送盘缠。

如水，天下人至今称之不少衰。愚公文人，其园亭实有思致文理者为之，磥石为垣，编柴为户，堂不层不庑，树不配不行。堂之南，高槐古朴，树皆合抱，茂叶繁柯，阴森满院。藕花一塘，隔岸数石，乱而卧。土墙生苔，如山脚到涧边，不记在人间。园东逼墙一台，外瞰寺，老柳卧墙角而不让台，台遂不尽瞰，与他园花树故为亭、台意特特为园者不同。

因此愚公花钱如流水，直到现在还有不少人称颂他的大方好客。愚公是文人，他的园林亭榭是有才思、情趣的人修建的，堆砌石头为墙，编柴为门，厅堂不层隔也不设置走廊，树木既不按种类搭配种植在一起，又不排成一行。厅堂南面，高大的槐树古朴苍劲，树木枝繁叶茂，树干都有合抱粗，院子一片绿荫。池塘中种满荷花，对岸胡乱摆放着几块石头，韵致十足。土墙上生长着苔藓，看上去就像从山脚延伸到溪水边，这番美景简直让人沉醉得几乎不记得

在人间了。园子东边靠墙有一个台子，在上面有可以俯瞰外面的寺院，一株老柳树卧在墙角挡住视线，于是就不能看清寺庙的全貌，这里和其他园林故意在亭台边种花植树、特意造亭台以设计园林景观的理念是不一样的。

定海水操

·原文·

定海演武场在招宝山海岸。水操用大战船、唬船、蒙冲、斗舰数千余艘，杂以鱼艓轻艑，来往如织。舳舻相隔，呼吸难通，以表语目，以鼓语耳，截击要遮，尺寸不爽。健儿瞭望，猿蹲桅斗，哨见敌船，从斗上掷身腾空溺水，破浪冲涛，顷刻到岸，走报中军，又趵跃入水，轻如鱼凫。水操尤奇在夜战，旌旗干橹皆挂一小镫，青布幕之，画角一声，万蜡齐举，火光映射，影又倍之。招宝山凭槛俯视，如烹斗煮星，釜汤正沸。火炮轰裂，如风雨晦冥中电光翕焱，使人不敢正视；又如雷斧断崖石，下坠不测之渊，观者褫魄。

·译文·

定海演武场设在招宝山海岸边。水军操练演习时，有数千艘大战船、唬船、艨艟船、战斗舰，其中还夹杂一些轻舟小船，往来如织。战船首尾不相连，难以听清呼喊声，就通过摇旗、敲鼓来传递消息，就算两船被截击遮拦时，消息也能准确传递。勇敢的士兵就像猿猴一样蹲在桅杆上瞭望，一旦发现敌船，就会从桅杆上腾空跳入水中，劈波斩浪，快速游到岸边，跑到中军帐前递上情报，然后又跳回水中游回船上，像游鱼一样轻盈。水军夜间演习尤为奇特壮观，旌旗和盾牌上都悬挂一盏青布蒙住的小灯，随着一声号角，万盏小灯一同被举起，火光明亮，黑影重重。在招宝山上凭栏俯视，海面上就像正在烹煮天上的星斗，锅中的水一片沸腾似的。火炮轰隆炸裂，就像昏暗的风雨中闪电，让人不敢正视；又宛如雷斧砍断了悬崖上的石头，坠入深渊，观者无不胆战心惊。

令

阿育王寺舍利

·原文·

阿育王寺，梵宇深静，阶前老松八九棵，森罗有古色。殿隔山门远，烟光树樾，摄入山门，望空视明，冰凉晶沁。右旋至方丈门外，有娑罗二株，高插霄汉。便殿供旃檀佛，中储一铜塔，铜色甚古，万历间慈圣皇太后所赐，藏舍利子塔也。舍利子常放光，琉璃五采，百道迸裂，出塔缝中，岁三四见。凡人瞻礼舍利，随人因缘现诸色相。如墨墨无所见者，是人必死。昔湛和尚至寺，亦不见舍利，而是年死。屡有验。

次早，日光初曙，僧导余礼佛，开铜塔，一紫檀佛龛供一小塔，如笔筒，六角，非木非楮，非皮非漆，上下斁

·译文·

阿育王寺庙宇幽深安静，寺门台阶前种了八九棵老松树，森郁古朴。大殿离山门很远，烟雾和树荫笼罩山门，远望长空，视野明净，让人感到一阵凉意沁入心脾。右转到了方丈门外，这里有两株娑罗树，高耸入云。便殿供奉着檀木佛像，中间还有一座铜塔，铜色非常古朴，是万历年间慈圣皇太后赐赠的，是珍藏舍利子的佛塔。舍利子常发出五彩斑斓的光，从佛塔缝中迸裂射出，每年会出现三四次这种景象。凡是瞻仰礼拜舍利的人，会因人的缘分不同而出现不同的景象。如果看到的是一片漆黑，这种人必死无疑。当年湛和尚到寺里来，也没有看到舍利发光，于是当年就死了。这个说法非常灵验。

第二天早上，太阳刚刚升起，僧人带我去礼佛，打开铜塔，只见一座紫檀佛龛供着一座小塔，像六角形的笔筒，不是木头也不是楮树制成的，没有用皮包裹也没有刷漆，上下完整覆盖，四

定，四围镂刻花楞梵字。舍利子悬塔顶，下垂摇摇不定，人透眼光入楞内，复眂眼上视舍利，辨其形状。余初见三珠连络如牟尼串，煜煜有光。余复下顶礼，求见形相，再视之，见一白衣观音小像，眉目分明，鬋鬘皆见。秦一生反复视之，讫无所见，一生遑邃，面发赤，出涕而去。一生果以是年八月死，奇验若此。

周镂刻有花棱梵字。舍利子悬挂在塔顶，下垂着摇摆不定，人的目光可以透入花棱，再朝上就可以看到舍利子，分辨它的形状。我刚开始看到三颗熠熠发光的珠子，串联起来就像佛珠。我又顶礼膜拜，想要看见舍利形状，再看时，就只看到一个眉清目秀、鬓角分明的白衣观音小像。秦一生反复看着，最后还是一无所见，非常恐惧，脸色发红，哭泣着离开寺院。秦一生最后还是在这年八月死了，这个舍利果真灵验如此。

过剑门

·原文·

南曲中，妓以串戏为韵事，性命以之。杨元、杨能、顾眉生、李十、董白以戏名。属姚简叔期余观剧，傒僮下午唱《西楼》，夜则自串。傒僮为兴化大班，余旧伶马小卿、陆子云在焉，加意唱七出戏，至更定，曲中大咤异。杨元走鬼房问小卿曰："今日戏，气色大异，何也？"小卿曰："坐上坐者余主人。主人精赏鉴，延师课戏，童手指千，傒僮到其家，谓'过剑门'，焉敢草草！"杨元始来物色余。《西楼》不及完，串《教子》。顾眉生：周羽，杨元：周娘子，杨能：周瑞隆。杨元胆怯肤栗，不能出声，眼眼相觑，渠欲讨好不能，余欲献

·译文·

南京的青楼里，妓女把演串戏当成是一件风雅的韵事，将演戏视为生命一般珍贵。杨元、杨能、顾眉生、李十、董白凭借演戏出名。姚简叔约我看她们演戏，戏童们下午唱《西楼》，晚上则亲自演出。戏童请的是兴化大班家的，我家以前的伶人马小卿、陆子云也在里面，特意多唱了七出戏，唱到了更定时，青楼的人就感到非常奇怪。杨元到化妆间问马小卿说："今天的戏，为什么跟以往的腔调不一样呢？"马小卿说："坐在上坐的是我的主人，他精于鉴赏戏剧，请了老师教我们演戏，还指点过很多人，戏童在主人家学戏也被称作'过剑门'，怎么敢草率敷衍给主人看呢！"杨元于是过来观察我。《西楼》还没演完，串戏演《教子》。顾眉生扮演周羽，杨元扮演周娘子，杨能扮演周瑞隆。杨元上场就胆怯发抖，发不出声来，其他演员面面相觑，不知如何是好，杨

媚不得，持久之，伺便喝采一二，杨元始放胆，戏亦遂发。嗣后曲中戏，必以余为导师，余不至，虽夜分不开台也。以余而长声价，以余长声价之人而后长余声价者，多有之。

元想要讨好我却不知道如何表演，我在台下想要献媚鼓掌也是得不到机会儿，就这样持续了一会，我找到机会喝彩了一两声，杨元才放开胆子演戏，戏也才顺利演下去。这以后，青楼演戏，就一定会请我当导师，我没到，虽然到了半夜时分也不会开台唱戏。用我的名头涨声价的人，之后又连带着把我的声价也涨起来的人，有很多。

冰山记

·原文·

魏珰败，好事者作传奇十数本，多失实，余为删改之，仍名《冰山》。城隍庙扬台，观者数万人，台址鳞比，挤至大门外。一人上，白曰："某杨涟。"口口谇謈曰："杨涟！杨涟！"声达外，如潮涌，人人皆如之。杖范元白，逼死裕妃，怒气忿涌，噤断嚄唶。至颜佩韦击杀缇骑，嗥呼跳蹴，汹汹崩屋。沈青霞缚稾人射相嵩，以为笑乐，不是过也。

是秋，携之至兖，为大人寿。一日，宴守道刘半舫，半舫曰："此剧已十得八九，惜不及内操、

·译文·

魏忠贤及其党羽被查处，好事的人写了十多本传奇记录他，大多与事实不符，我删改成戏剧，仍取名为《冰山》。城隍庙即将表演这出戏，有好几万人前来观看，从戏台下一直挤到城门外。有一个演员上台，独白说："我是杨涟。"观众就在台下口口相传地小声说："杨涟！杨涟！"声音传到庙外，宛如潮水涌动。观众看到魏忠贤杖打范元白、逼死裕妃等情节时，都怒气高涨、咬牙切齿。等看到颜佩韦击杀锦衣卫校尉，观众就都大叫着跳起来，气势汹汹几乎要把房子震塌。沈青霞当年扎稻草人诅咒奸相严嵩，用箭射严嵩，以此为笑谈取乐，和这相比也算不上是过分。

菊宴及逼灵犀与囊收数事耳。”余闻之，是夜席散，余填词，督小傒强记之。次日，至道署搬演，已增入七出，如半舫言。半舫大骇异，知余所构，遂诣大人，与余定交。

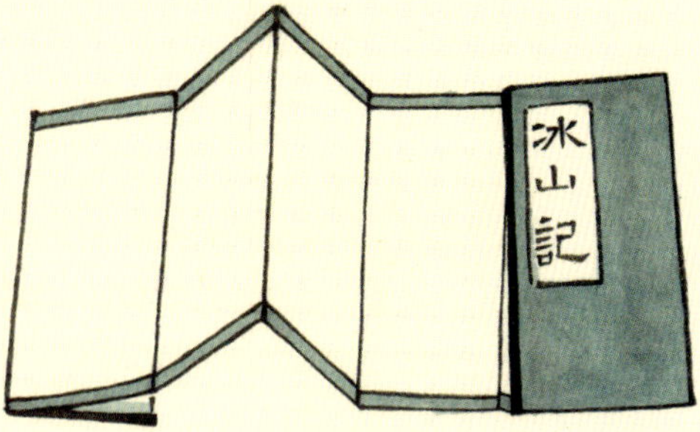

同年秋天，我把这出戏带到兖州，给父亲祝寿。一天，家里宴请守道刘半舫，刘半舫说：“这出戏已经把魏忠贤党人的恶事写得有十之八九了，可惜还没有写出宦官在宫中授甲操练、菊宴以及逼迫官员与奸党被一网打尽这几件事。”我听说后，当天晚上等到宴席散去，就开始填词，监督小戏童记忆新台词。第二天，到道署演出时，根据刘半舫说的故事，剧本就已增加了七出戏。刘半舫非常骇异，知道是我所写，就来拜访我父亲，并和我结下交情。

卷捌

龙山放灯

·原文·

万历辛丑年，父叔辈张灯龙山，剡木为架者百，涂以丹雘，帨以文锦，一灯三之。灯不专在架，亦不专在磴道，沿山袭谷，枝头树杪无不灯者，自城隍庙门至蓬莱岗上下，亦无不灯者。山下望如星河倒注，浴浴熊熊，又如隋炀帝夜游，倾数斛萤火于山谷间，团结方开，倚草附木，迷迷不去者。好事者卖酒，缘出席地坐。山无不灯，灯无不席，席无不人，人无不歌唱鼓吹。男女看灯者，一入庙门，头不得顾，踵不得旋，只可随势潮上潮下，不知去落何所，有听之而已。庙门悬禁条：禁车马，禁烟火，禁喧哗，禁豪家奴不得行辟人。父叔辈台于大

·译文·

万历辛丑年（1601），我的父亲、叔叔等长辈在龙山放灯，削木头做了一百多个架子，刷上红色的漆，用彩色的织锦缠绕包裹，每挂一盏灯都有三个步骤。不仅在架子上挂灯，还会在大道上、山谷里、树枝上挂灯，从城隍庙门口一直到蓬莱岗，到处都是灯。从山下往上看，漫山灯火就宛如星河倒灌，熊熊烈烈，又像隋炀帝夜游时的场景一般，仿佛在山谷间倾倒了数斛萤火虫，这一团萤火虫刚分散开，还在草间木上流连不飞走。有喜欢多事的人还赶来卖酒，他们在山边席地而坐。山间到处都有灯，灯下到处有席，席上都坐着人，每个人都在唱歌、奏乐。男男女女赶来看灯的，一走进寺庙的大门，就头也不能转回，脚不能转弯，只能跟随人群的势头一直往前走，像潮水上下涌动，也不知道会去往哪里，只能随大流。庙的门上贴着禁条：严禁

松树下，亦席，亦声歌，每夜鼓吹笙簧与宴歌弦管，沉沉昧旦。

十六夜，张分守宴织造太监于山巅星宿阁，傍晚至山下，见禁条，太监忙出舆笑曰："遵他，遵他，自咱们遵他起！"却随役，用二丱角扶掖上山。夜半，星宿阁火罢，宴亦遂罢。灯凡四夜，山上下糟丘肉林，日扫果核蔗滓及鱼肉骨蠡蜕，堆砌成高阜，拾妇女鞋挂树上，如秋叶。

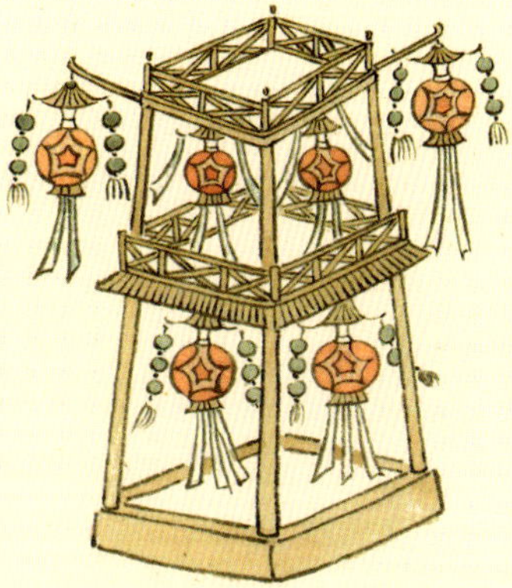

车马，严禁烟火，严禁喧哗，严禁富豪家的奴仆驱赶行人开道。我的父亲叔叔等长辈坐在大松树下的台阶上，铺了席子，也在放声歌唱，每天晚上都是沉迷在鼓吹笙簧与宴歌弦管声中，不知不觉就天亮了。

农历十六的晚上，张分守在山顶的星宿阁宴请织造太监，织造太监傍晚时分来到山下，看见禁条，连忙走出马车笑着说："按这条例办，按这条例办，从我们做起！"于是让随从退下，只留了两个童仆搀扶他上山。半夜时分，星宿阁的灯火熄灭了，宴会也结束了。总共举行了四晚的灯会，山上山下，酒肉堆积如山，每天打扫出来的果壳、甘蔗渣滓以及鱼肉骨头都堆砌成了小山丘，地上捡拾到的妇女鞋子，挂到树上宛如秋叶一样多。

传说在十五夜晚，灯灭人静的时候，酒店老板正欲闭店盘算

相传十五夜，灯残人静，当垆者正收盘核，有美妇六七人买酒，酒尽，有未开瓮者。买大罍一，可四斗许，出袖中瓜果，顷刻罄罍而去。疑是女人星，或曰酒星。又一事：有无赖子于城隍庙左借空楼数楹，以姣童实之，为“帘子胡同”。是夜，有美少年来狎某童，剪烛殢酒，媟亵非理，解襦，乃女子也，未曙即去，不知其地、其人，或是妖狐所化。

核对账目，突然有六七个美丽的妇人来买酒喝，酒已卖完了，只有未开封的。她们买了一大坛酒，差不多有四斗多，喝酒时拿出袖中的瓜果来吃，转眼间就连坛带酒消失不见了。酒店老板怀疑这些人是女人星，或是酒星。还有一件事：有个无赖在城隍庙旁的空房子里藏匿美丽的男童，叫作“帘子胡同”。这天晚上，有美少年来淫狎某个男童，吹灭蜡烛后借着酒劲，正打算猥亵非礼，解开衣服，才发现这个美少年是个女子，天还没亮就离去了，也不知道她来自什么地方、是什么人，或许是妖狐变化而来。

王月生

·原文·

南京朱市妓，曲中羞与为伍，王月生出朱市，曲中上下三十年，决无其比也。面色如建兰初开，楚楚文弱，纤趾一牙，如出水红菱，矜贵寡言笑，女兄弟闲客，多方狡狯，嘲弄哈侮，不能勾其一粲。善楷书，画兰竹水仙，亦解吴歌，不易出口。南京勋戚大老力致之，亦不能竟一席。富商权胥得其主席半晌，先一日送书帕，非十金则五金，不敢亵订。与合巹，非下聘一二月前，则终岁不得也。

·译文·

南京青楼界，看不起朱市里出身的妓女，但是王月生却出自朱市，在青楼界前后三十年，都没有一个能比得过她的。王月生面容宛如建兰花初开，楚楚动人，一双小脚，就像出水红菱一般玲珑小巧，她时刻保持着矜持、寡于言笑，即使其他的妓女和闲人耍尽手段来逗她，也不曾引她粲然一笑。她善于写楷书、画兰竹水仙，也会唱吴歌，但不轻易张口唱歌。南京城里的皇亲国戚盛情邀请，也不能让她陪完一席酒。富商权贵若想要让她主持半晌宴席，必须提前一天送书帕预约，不花费十两或五两银子，是不能轻易订到的。想要和她同床共枕，

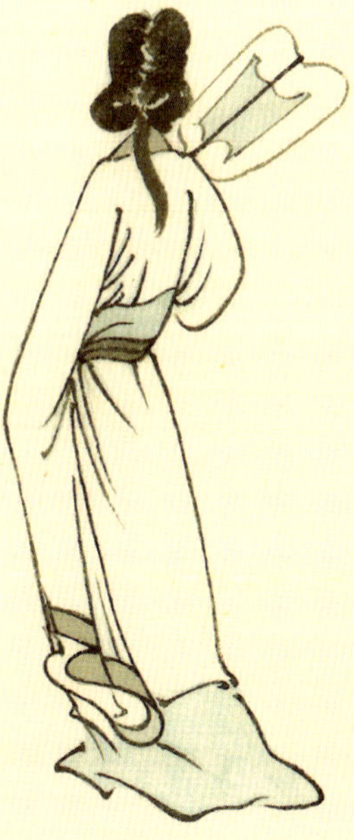

好茶，善闵老子，虽大风雨、大宴会，必至老子家啜茶数壶始去。所交有当意者，亦期与老子家会。一日，老子邻居有大贾，集曲中妓十数人，群谇嘻笑，环坐纵饮。月生立露台上，倚徙栏楯，眂娗羞涩，群婢见之皆气夺，徙他室避之。月生寒淡如孤梅冷月，含冰傲霜，不喜与俗子交接，或时对面同坐，起若无睹者。有公子狎之，同寝食者半月，不得其一言。一日口嗫嚅动，闲客惊喜，走报公子曰："月生开言矣！"哄然以为祥瑞，急走伺之，面赪，寻又止，公子力请再三，蹇涩出二字曰："家去。"

没在一两月前下聘礼，那一整年都得不到机会。

王月生喜欢喝茶，与闵老子交好，即使碰上大风大雨的天气、大型宴会的时候，也还要到闵老子家喝上几壶茶才离开。和她结交的意中人，也会约到闵老子家见面。一天，在闵老子家附近，有一个大商人，会集了十多个青楼妓女，她们嬉笑打闹，聚在一起喝酒。王月生站在露台上，倚靠着栏杆，看起来娇羞美丽，让那些妓女看后感到自惭形秽，主动换到其他房间回避她。王月生就像孤梅冷月一般寒淡，又像冰霜一般傲气袭人，不喜欢结交见识浅薄的人，有时和这类人一起面对面坐着，她也会熟视无睹。有公子包养她，和她同床共寝待在一起长达半个月，也没听她说过一句话。一天，她欲言又止，有闲人非常惊喜，跑去跟公子汇报："王月生开口说话啦！"大家起哄道是个好兆头，于是连忙跑去看她，只见王月生面色发红，不久又闭上嘴巴，公子再三请求，她才羞涩吐出了二字："回家。"

张东谷好酒

·原文·

余家自太仆公称豪饮，后竟失传，余父余叔不能饮一蠡壳，食糟茄，面即发赪，家常宴会，但留心烹饪，庖厨之精，遂甲江左。一簋进，兄弟争啖之立尽，饱即自去，终席未尝举杯。有客在，不待客辞，亦即自去。山人张东谷，酒徒也，每悒悒不自得。一日起谓家君曰："尔兄弟奇矣！肉只是吃，不管好吃不好吃；酒只是不吃，不知会吃不会吃。"二语颇韵，有晋人风味。而近有伧父载之《舌华录》，曰："张氏兄弟，赋性奇哉！肉不论美恶，只是吃；

·译文·

我家祖上自太仆公就号称喝酒豪爽，后来饮酒的能力竟然失传了，我父亲、叔叔这一辈连一螺壳的酒都喝不完，甚至吃了酒糟腌制的茄子也会脸红，于是无论家宴还是外出聚会，都只留心烹饪的技巧是否娴熟、食物的制作是否精美，因此他们的美食鉴赏能力在本地数一数二。食物端上桌，他们兄弟马上就动筷，吃饱了就自行离开，直到宴会结束也没有喝一口酒。如果有客在，还没等客人告辞，他们都会先行退席。山人张东谷，是一个好酒之徒，郁郁不得志。一天，他对我父亲说："你们兄弟真是奇怪！肉不管好吃不好吃，都吃；酒不知会不会喝，却都不喝。"这两句话非常有韵味，像晋人说话一般风趣。而且近来有鄙贱之徒把这事记录到《舌华录》里，写道："张氏兄弟，

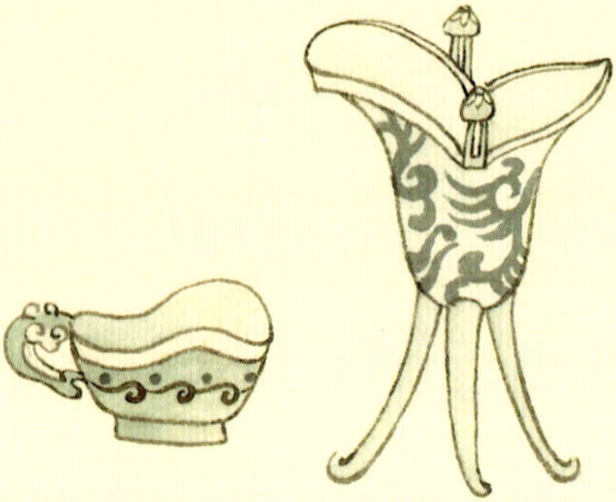

酒不论美恶，只是不吃。”字字板实，一去千里，世上真不少点金成铁手也。

东谷善滑稽，贫无立锥，与恶少讼，指东谷为万金豪富，东谷忙忙走诉大父曰：“绍兴人可恶，对半说谎，便说我是万金豪富！”大父常举以为笑。

赋性奇哉！肉不论美恶，只是吃；酒不论美恶，只是不吃。”每个字写得有板有眼，但是意思却谬以千里，世上这样胡乱点金成铁的“高手”真多。

张东谷为人风趣幽默，但是非常贫困，他和恶霸打官司，恶霸乱说张东谷是腰缠万贯，张东谷匆忙走来向我祖父诉苦：“绍兴人真是可恶，当面说谎，胡乱说我是万金豪富！”祖父常拿这事当作笑谈。

楼船

原文

家大人造楼，船之；造船，楼之。故里中人谓船楼，谓楼船，颠倒之不置。是日落成，为七月十五，自大父以下，男女老稚，靡不集焉。以木排数重搭台演戏，城中村落来观者，大小千余艘。午后飓风起，巨浪磅礴，大雨如注，楼船孤危，风逼之几覆，以木排为戙，索缆数千条，网网如织，风不能撼。少顷风定，完剧而散。越中舟如蠡壳，局蹐篷底看山，如矮人观场，仅见鞋靸而已，升高视明，颇为山水吐气。

译文

我家建楼会把楼建得像船一样；造船，又会造得像楼的形状。因此，老家的人就称作船楼，或楼船，也不去管称呼颠倒的事。建好楼船的日子，是七月十五这天，从祖父开始，男女老少聚集到一块，用几层高的木排搭戏台演戏庆祝，城里和乡下来围观的人，划了大大小小一千多艘船赶来。午后突然刮起一阵飓风，巨浪滔天，大雨如注，楼船在江面上形势危险，随着大风逼近几乎要倾覆，我们就马上拿木排做桩子，用数千条缆绳绑住楼船，像织网一样绑好，这样飓风也不能撼动楼船了。不一会儿风停了，戏演完，围观的人也散去。越地的小舟如同螺壳，人们在局促的船篷里看远处的群山，宛如矮人在人群里看热闹，只能看到前面人的鞋子而已，人站在楼船的高处，视野开阔，这样能为山水扬眉吐气。

阮圆海戏

·原文·

阮圆海家优，讲关目，讲情理，讲筋节，与他班孟浪不同。然其所打院本，又皆主人自制，笔笔勾勒，苦心尽出，与他班卤莽者又不同。故所搬演，本本出色，脚脚出色，出出出色，句句出色，字字出色。余在其家看《十错认》《摩尼珠》《燕子笺》三剧，其串架斗笋、插科打诨、意色眼目，主人细细与之讲明。知其义味，知其指归，故咬嚼吞吐，寻味不尽。至于《十错认》之龙灯、之紫姑，《摩尼珠》之走解、之猴戏，《燕子笺》之飞燕、之舞象、之波斯进宝，纸札装束，无不尽情刻画，故其出色也愈甚。

·译文·

阮圆海家的戏班在讲解戏里的重要剧情，讲通里面的情理、讲清里面的情节上的转折处比其他粗鲁的戏班要好很多，其他戏班表演得很粗漏。然而，阮圆海家戏班的表演剧本，又都是主人自己写出来的，字斟句酌，用心良苦，这也跟其他戏班的剧本粗制滥造不同。因此他的戏班表演的戏剧，每个剧本、每个角色、每一出戏、每句台词乃至每一个字，都很出色。我在他家看过《十错认》《摩尼珠》《燕子笺》三部戏剧，其中的剧情串联构架、插科打诨以及人物的眉目神情，主人细细地和每个演员都讲述清楚。演员们领会了剧中的含义趣味和主旨，因此在演戏时每个动作、表情和每句台词，都表演得意味深长。甚至《十错认》里的龙灯、紫姑，《摩尼珠》里的走解、猴戏，《燕子笺》里的飞燕、舞象、

阮圆海大有才华，恨居心勿静，其所编诸剧，骂世十七，解嘲十三，多诋毁东林，辩宥魏党，为士君子所唾弃，故其传奇不之著焉。如就戏论，则亦镞镞能新，不落窠臼者也。

波斯进宝等几出戏，即便都是纸扎的道具，也都根据剧情刻画精细，所以他家戏班的表演也愈加出色。

阮圆海非常有才华，遗憾的是他心躁不静，他所编写的各个剧本，十分之七是愤世嫉俗，十分之三是解嘲，大多是诋毁东林党的，为魏忠贤这派奸党进行辩护，遭到士人君子的唾弃，因此他的出名的戏剧都没有流传下来。如果仅论戏剧表演，他还是可以推陈出新，不落俗套。

巘花阁

·原文·

巘花阁在筠芝亭松峡下，层崖古木，高出林皋，秋有红叶。坡下支壑回涡，石蹲棱棱，与水相距。阁不槛、不牖，地不楼、不台，意正不尽也。

五雪叔归自广陵，一肚皮园亭，于此小试。台之、亭之、廊之、栈道之，照面楼之侧，又堂之、阁之、梅花缠折旋之，未免伤板、伤实、伤排挤，意反局蹐，若石窟书砚。隔水看山、看阁、看石麓、看松峡上松，庐山面目反于山外得之。五雪叔属余作对，余曰：“身在襄阳袖石里，家来辋口扇图中。”言其小处。

·译文·

巘花阁建在筠芝亭的松峡下面，依着悬崖用古木建成，它高出山林，秋天这里可以观赏红叶。山坡下水流回旋，岸边的石头棱角凸起，石头和水流互相碰撞。阁楼没有门槛、没有窗户，不在地上建造楼梯、亭榭，这是要让它充满无尽的意境。

五雪叔从广陵回来，一肚子建造园亭的想法，到这里小试身手，他建了亭台、门廊、栈道，在对面楼房的侧面，又建了厅堂、阁楼，周围种上梅花，盘旋缠绕。他这样的布置方法，不免太过呆板、太过充实、太过拥挤，意境反而局促，就好像在石窟里设置书房砚台一般。隔着河流可以看到山、

阁楼、石麓、松峡上的松树，这座山的景色反而只能在山外才能看到。五雪叔要我帮他写副对联，我说："身在襄阳袖石里，家来辋口扇图中。"说的是这处园林的不足之处。

蟹会

·原文·

食品不加盐醋而五味全者，为蚶、为河蟹。河蟹至十月与稻粱俱肥，壳如盘大，坟起，而紫螯巨如拳，小脚肉出，油油如螾蜑。掀其壳，膏腻堆积，如玉脂珀屑，团结不散，甘腴虽八珍不及。

一到十月，余与友人兄弟辈立蟹会，期于午后至，煮蟹食之，人六只，恐冷腥，迭番煮之。从以肥腊鸭、牛乳酪。醉蚶如琥珀，以鸭汁煮白菜如玉版。果蓏以谢橘、以风栗、以风菱。饮以玉壶冰，蔬以兵坑笋，饭以新余杭白，漱以兰雪茶。由今思之，真如天厨仙供，酒醉饭饱，惭愧惭愧。

·译文·

不添加盐、醋仍五味俱全的食物，就只有蚶、河蟹了。河蟹在十月和稻谷一同成熟，变得肥美，它的壳像盘子一样大，身子凸起，还有像拳头一样大的蟹螯，蟹脚里的肉，油油的像蚰蚓蜒蚰一样。掀开蟹壳，里面的蟹膏堆积起来，就像玉脂或琥珀粉，结成一团，不会松散，它的甘美就是八珍也比不上。

一到十月，我就和朋友、兄弟们成立蟹会，相约午后一起煮螃蟹吃，每人六只，因为怕冷了会有腥味，就反复地加热。桌上还有肥腊鸭、牛乳酪当菜。醉蚶像琥珀，用鸭汁煮的白菜像玉版。还摆上果瓜，有谢橘、风栗、风菱。喝着美酒，吃着兵坑笋，用余杭新产的精米做饭，用兰雪茶漱口。现在想起来，当初能吃到这样的美味佳肴，真像是天上的厨师给神仙们供应的美食，酒足饭饱，真令人惭愧！

露兄

·原文·

崇祯癸酉，有好事者开茶馆，泉实玉带，茶实兰雪，汤以旋煮，无老汤，器以时涤，无秽器，其火候、汤候，亦时有天合之者。余喜之，名其馆曰“露兄”，取米颠“茶甘露有兄”句也。为之作《斗茶檄》，曰：“水淫茶癖，爰有古风；瑞草雪芽，素称越绝。特以烹煮非法，向来葛灶生尘；更兼赏鉴无人，致使羽《经》积蠹。迩者择有胜地，复举汤盟，水符递自玉泉，茗战争来兰雪。瓜子炒豆，何须瑞草桥边；橘柚查梨，出自仲山圃内。八功德水，无过甘滑香洁清凉；七家常事，不管柴米油

·译文·

崇祯六年（1633），有好事的人开了间茶馆，卖的茶用的是玉带泉的泉水、兰雪茶茶叶，现煮现卖，茶具经常清洗，非常干净，茶水的火候、汤候配合得天衣无缝。我很喜欢去那里喝茶，给他的茶馆起名叫“露兄”，取自米颠“茶甘露有兄”的诗句。我还给这座茶馆写了一篇《斗茶檄》，这样写道：“我喜欢喝茶水，习自古人遗风；瑞草茶、雪芽茶，都是越中地区的好茶。但是偏偏没有很好的烹煮方法，所以我家煮茶的炉灶早已荒废多年，满是尘土；也没有可以一同鉴赏茶艺的朋友，所以导致陆羽的《茶经》在书架上放置生虫。近来有个好地方，让我又可以以茶会友，煮茶的水来自玉泉，斗茶可以获得兰雪茶。吃瓜子、炒豆，不需要跑到瑞草桥边那么远去；橘子、柚子、山楂、梨子这些喝茶时的水果，采

盐酱醋。一日何可少此，子猷竹庶可齐名；七碗吃不得了，卢仝茶不算知味。一壶挥尘，用畅清谈；半榻焚香，共期白醉。”

摘自仲山园圃内。八功德的水，无非是甘滑、香滑、洁净、清凉；生活中的七件家中日常事物，也不过是柴、米、油、盐、酱、醋。每天怎么可以少了喝茶呢，就像王子猷居住的附近不能没有竹子一样；不喝上七碗茶，就称不上懂得茶仙卢仝‘七碗茶诗’的意味。闲聊时喝上一壶茶，畅快清谈；在榻前焚香，希望能和你一同沉醉茶香。”

闰元宵

·原文·

崇祯庚辰闰正月，与越中父老约重张五夜灯，余作张灯致语曰：“两逢元正，岁成闰于摄提之辰；再值孟陬，天假人以闲暇之月。《春秋传》详记二百四十二年事，春王正月，孔子未得重书；开封府更放十七、十八两夜灯，乾德五年，宋祖犹烦钦赐。兹闰正月者，三生奇遇，何幸今日而当场；百岁难逢，须效古人而秉烛。况吾大越，蓬莱福地，宛委洞天，大江以东，民皆安堵；遵海而北，水不扬波。含哺嬉兮，共乐太平之世界；重译至者，皆言中国有圣人。千百国来朝，白雉之陈无算；十三年于兹，黄耇之说有征。乐圣衔杯，宜纵饮屠苏之酒；较书分火，应

·译文·

崇祯十三年（1640）的闰正月，我和越中父老乡亲约好重新点五夜花灯，我作了点灯致辞如下：“今年恰逢闰年有两个正月，老天赏赐给人们一个闲暇休息的时间。《春秋传》里详细记载的二百四十二年间的事情，孔子都没有遇到过闰正月这种事情；乾德五年（967），宋太祖还被烦扰，钦赐开封府增加放了十七、十八两晚的夜灯。闰正月这件事，我们三生有幸才能遇上，亲临这样一个时刻是多么幸运；百年难遇，我们要效仿古人秉烛达旦。况且我们大越之地，是蓬莱福地，别有洞天。长江以东，百姓都富足安康；靠海之北，百姓都安居乐业，水波不兴。人们生活安乐，共享太平盛世；从南方蛮夷之地到这来的人，也都说中国有圣人保佑。成百上千的外国使者前来朝贺，献上了许多像白雉之类的吉祥宝物；我久居于此，说的这番话是有凭据的。喜欢饮酒的人，应该纵饮屠苏酒；还在昼夜读书和祭祀祖先的人，可以暂

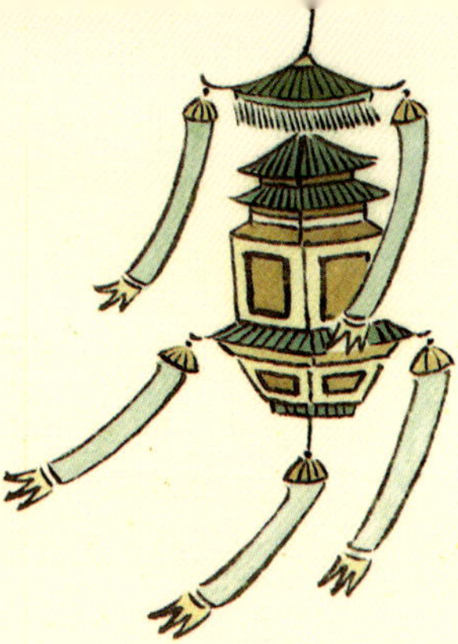

暂辍太乙之藜。前此元宵，竟因雪妒，天亦知点缀丰年；后来灯夕，欲与月期，人不可蹉跎胜事。六鳌山立，只说飞来东武，使鸡犬不惊；百兽室悬，毋曰下守海澨，唯鱼鳖是见。笙箫聒地，竹椽出自柯亭；花草盈街，禊帖携来兰渚。士女潮涌，撼动蠡城；车马雷殷，唤醒龙屿。况时逢丰穰，呼庚呼癸，一岁自兆重登；且科际辰年，为龙为光，两榜必征双首。莫轻此五夜之乐，眼望何时？试问那百年之人，躬逢几次？敢祈同志，勿负良宵。敬藉赫蹄，喧传口号。”

停点燃太乙燃藜之火。以前的元宵节，雪下得很大，上天也知道瑞雪兆丰年；后来的灯节，也碰上了月明的周期，人们不能浪费这等美好的光景。传说六鳌驮着五座仙山，飞来东武山，而没有惊动人间万物；在家里悬挂百兽彩灯，就比去海边观鱼还好看。美妙的笙箫声不断吹着，竹椽都产自柯亭；街上摆满花草，禊帖带来了兰亭盛会。城中的男女像潮水一般涌动，仿佛都要撼动绍兴城；轰隆的车马声宛如雷鸣，就像要唤醒龙山。何况今年恰逢丰收，这是一年开始的好兆头；又恰逢科考之年，承蒙皇上恩典这也是大家金榜题名的好兆头。不要小看这五晚的欢乐时光，大家还等什么呢？试问那些长者，这样的机遇能碰上几次？祈求志同道合的人，不要辜负这短暂的良宵。谨借这篇文章，来宣传记录这件事。”

合采牌

·原文·

余作文武牌，以纸易骨，便于角斗，而燕客复刻一牌，集天下之斗虎、斗鹰、斗豹者，而多其色目、多其采，曰“合采牌”。余为之作叙曰：“太史公曰：‘凡编户之民，富相什则卑下之，伯则畏惮之，千则役，万则仆，物之理也。’古人以钱之名不雅驯，缙绅先生难道之，故易其名曰赋、曰禄、曰饷，天子千里外曰采。采者，采其美物以为贡，犹赋也。诸侯在天子之县内曰采，有地以处其子孙亦曰采，名不一，其实皆谷也，饭食之谓也。周封建多采则胜，秦无采则亡。采在下无以合之，则齐桓、晋文起矣。列国有采而分析之，则主父偃之谋也。繇是

·译文·

我发明了一种文武牌，用纸牌代替骨牌，便于拼比输赢，之后燕客仿照我的牌也刻了一副牌，他的牌集合了天下的斗虎、斗鹰、斗豹之类的动物，而且增加了很多类目、色彩，称作“合采牌”。我为它写了一篇文章：“太史公曾说：‘凡是编户的百姓，对于财富比自己多出十倍的人会卑躬屈膝，多出百倍的人则会畏惧忌惮，于财千倍的人则会被人役使，多出万倍的人就会为人奴仆，这是万物发展的规律。’古人认为钱是俗物，官员们没办法把它说得风雅，因此就把钱改称为赋、禄、饷，天子因为远在千里之外就称为‘采’。所谓‘采’，就像选最好的东西上缴作为贡品一样，也是赋的一种。诸侯在天子的管辖范围内上贡叫‘采’，他们的子孙在他们的地盘上纳税也叫‘采’，叫法不一样，实际上跟粮食、食物的叫法一样。周朝分封诸侯多，因而纳税上贡的

而亮采服采，好官不过多得采耳。充类至义之尽，窃亦采也，盗亦采也，鹰虎豹豨此其选也。然则奚为而不禁？曰：小役大，弱役强，斯二者天也。《皋陶谟》曰：‘载采采’，微哉、之哉、庶哉！”

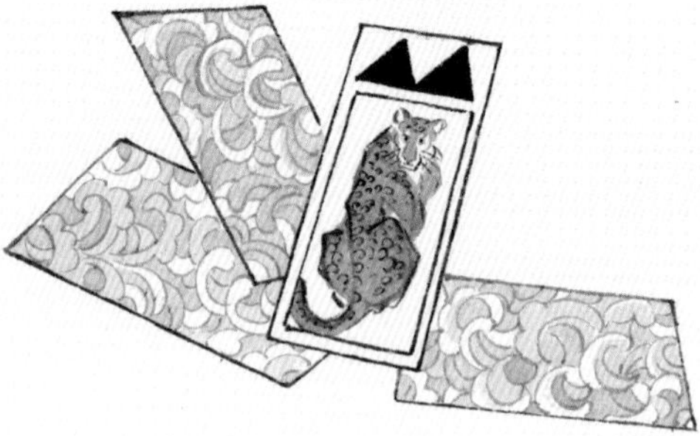

也就多，国力强盛，秦朝没有分封，没人纳税上贡所以灭亡。如果采邑在臣下手中而无法合并到国君手中，就会有像齐桓公、晋文公这样的诸侯崛起。列国设有采邑而被瓜分，这是西汉大臣主父偃的计谋。于是像辅佐政务的贤臣，他们被认为是好官不过是因为从百姓那多剥削纳税罢了。以此类推，偷、盗也都可以说是采，因此也就可以选择鹰、虎、豹画在牌子上了。然而为什么不禁止这种做法呢？孟子说：无论天下是否循道，大的奴役小的，强者奴役弱智，物竞天择，天道如此。《皋陶谟》写道：‘载采采’，寓意是要多试试，真是微言大义，言之有物，何其有幸啊！”

琅嬛福地

· 原文 ·

陶庵梦有宿因，常梦至一石庵，嵌窅岩窦，前有急湍洄溪，水落如雪，松石奇古，杂以名花。梦坐其中，童子进茗果，积书满架，开卷视之，多蝌蚪、鸟迹、霹雳篆文，梦中读之，似能通其棘涩。闲居无事，夜辄梦之，醒后伫思，欲得一胜地仿佛为之。郊外有一小山，石骨棱砺，上多筠篁，偃伏园内。余欲造庵，堂东西向，前后轩之，后磥一石坪，植黄山松数棵，奇石峡之。堂前树娑罗二，资其清樾。左附虚室，坐对山麓，磴磴齿齿，划裂如试剑，匾曰“一丘”。右

· 译文 ·

陶庵的梦有一段前世姻缘，我常常梦到一座石庵，建在险峻山石中的幽深洞穴里，前面有湍急的河流，溪水回旋，水花落下宛如雪花般洁白，溪边有松树、异石和奇特的古木，间杂着一些名贵的花草。我梦见坐在石庵中，童子为我进献香茶和水果，室内书架上摆满藏书。我翻开一本书看，大多是像蝌蚪、鸟爪、霹雳一样的古老篆文，我在梦中读这些书，感觉好像能理解其中艰涩的道理一样。我在家中闲坐无事，晚上就会梦到这些，醒来后沉思良久，想要去一处胜地建造梦中之境。郊外有一座小山，山石嶙峋，上面有很多竹子。我想要去建座石庵，厅堂东西走向，前后建轩房，后面再垒砌一块石坪，种植几棵黄山松，用奇石点缀其间。厅堂前栽两棵娑罗树，以借助树的清

踞厂阁三间，前临大沼，秋水明瑟，深柳读书，匾曰“一壑”。

缘山以北，精舍小房，绌屈蜿蜒，有古木，有层崖，有小涧，有幽篁，节节有致。山尽有佳穴，造生圹，俟陶庵蜕焉，碑曰“呜呼有明陶庵张长公之圹”。圹左有空地亩许，架一草庵，

荫。厅堂左边建几间虚室，面向山麓，山石排列整齐，排列开宛如试剑时划开一样，虚室题匾“一丘”。厅堂右边建有三间厂阁，面对着明净的大湖，秋水明澈，可以在柳树下读书，厂阁题匾“一壑”。

沿着山往北去，是一间精致的小屋，道路蜿蜒曲折，两旁有古木、层崖、小涧、竹林，到处都景致宜人。山路

供佛，供陶庵像，迎僧住之奉香火。大沼阔十亩许，沼外小河三四折，可纳舟入沼。河两崖皆高阜，可植果木，以橘、以梅、以梨、以枣，枸菊围之。山顶可亭。山之西鄙，有腴田二十亩，可秫可秔。门临大河，小楼翼之，可看炉峰、敬亭诸山。楼下门之，匾曰“琅嬛福地”。缘河北走，有石桥极古朴，上有灌木，可坐，可风，可月。

尽头有适宜建生墓的洞穴，待我陶庵去世时，石碑上就写“呜呼有明陶庵张长公之圹”。生墓左边有一亩多空地，就建一座草庵，里面供奉佛像、供奉陶庵像，请僧人住在这里供奉香火。大湖宽有十亩多，湖外的小河曲折有三四处，可以从小河里划船进入大湖。小河两岸都是高山，这里可以种植果木，在四周种些橘树、梅树、梨树、枣树、枸杞、菊花等，在山顶可以建座亭子。山的西边，有良田二十亩，可以种植高粱和水稻。山门对着大河，小楼在两旁环立，在小楼上可以看到炉峰、敬亭等山。小楼下再建一道门，题匾名“琅嬛福地”。沿着大河往北走，有座石桥，非常古朴，上面还生长着些灌木丛，可以坐在石桥上休息，还可以在这听风、赏月。

图书在版编目（CIP）数据

陶庵梦忆 /（明）张岱著；刘海源绘. -- 南昌：江西美术出版社，2022.1
（古人的繁华人间）
ISBN 978-7-5480-7774-9

Ⅰ. ①陶… Ⅱ. ①张… ②刘… Ⅲ. ①笔记－中国－明代 Ⅳ. ① K248.066

中国版本图书馆 CIP 数据核字（2020）第 162406 号

出 品 人：周建森
责任编辑：姚屹雯
特约编辑：朱倩文
责任印制：谭 勋
书籍设计：韩 超 先鋒設計

陶庵梦忆
古人的繁华人间
TAO AN MENG YI
GUREN DE FANHUA RENJIAN
［明］张 岱 / 著 刘海源 / 绘

出　　版：江西美术出版社
地　　址：南昌市子安路 66 号江美大厦
网　　址：jxfinearts.com
电子邮箱：jxms163@163.com
电　　话：0791-86566309
邮　　编：330025
经　　销：全国新华书店
印　　刷：湖北金港彩印有限公司
版　　次：2022 年 1 月第 1 版
印　　次：2022 年 1 月第 1 次印刷
开　　本：787 毫米 ×1092 毫米　1/32
印　　张：8.875
书　　号：ISBN 978-7-5480-7774-9
定　　价：88.00 元